I0757388

LA SANGRE DEL LOSINO

Miguel Ángel López Escalante

LA SANGRE DEL LOSINO

Para mis hijas, que las amo infinitamente.

Para mis hermanas, que amo, y siempre les estaré agradecido por el apoyo incondicional que me han brindado.

Para Armida, con amor.

Este libro es una obra ficticia. Los nombres de los personajes son fruto de la imaginación del autor.

Los lugares donde se desarrolla la historia, son verdaderos y sé describen levemente solo para ambientar el quehacer cotidiano de los involucrados.

Cualquier parecido con personas reales será pura coincidencia.

Las ciudades existen, son hermosas y merecen mi respeto.

CAPÍTULO I

2018

La tarde cubría lentamente el horizonte empañado del cielo nublado de Lodosa, España, pueblo ubicado en el municipio de Navarra y con aproximadamente cinco mil habitantes.

Mateo Gómez se dirigía a casa, y escasamente le faltaban cinco minutos para llegar.

Regresaba de Logroño, capital de la comunidad autónoma de La Rioja.

Se dice que Logroño, es "La joya escondida de España" y se encuentra ubicado a treinta kilómetros de Lodosa, cuenta con el reconocimiento convencional y exacto de "Tierra del vino" por sus innumerables actividades relacionadas con esa bebida.

En esa joya escondida, había tenido lugar una reunión de amigos que, ya mayores, cuidaban su amistad como un recurso no renovable.

Comenzaba a sentirse el frío del mes de noviembre y Mateo, pensaba en la calidez de su chimenea, que, a estas horas, su mujer seguramente la habría encendido. Le había dejado habilitada la leña para ello y no dudaba que lo hubiera hecho, a pesar, de su cada vez más avanzada fragilidad física.

Lodosa era la residencia de Selena de la Torre y Mateo desde que él se pensionó, tres años antes, en el 2015.

Se habían mudado a ese lugar por ser un pueblo pequeño, tranquilo, apacible y con más comodidad que Miranda de Ebro.

Selena había sido sorprendida por el nebuloso trastorno epiléptico con síntomas tardíos, que se iniciaron precisamente un año antes de que él se pensionara.

Por esa razón, ella dejó de trabajar en el salón de estética, y él, se vio forzado a adelantar su retiro para atenderla en todo lo necesario.

Cuando eso se presentó, vivían y trabajaban en Miranda. Su padecimiento en tan solo cuatro años, avanzó tanto, que las respuestas ejecutivas de su cuerpo, se vieron poco a poco comprometidas por unas constantes ausencias, convulsiones ocasionales, las cuales entorpecían los movimientos de sus miembros superiores.

Esta población de la región de Navarra, les gustó a ambos para instalarse como su última residencia, vivir la tranquilidad que ofrecía este pintoresco pueblo con su encanto rural, disfrutar y aprender de su rica historia, ligada a batallas entre reinos desde los años oscuros del siglo VIII.

Ubicada en el noreste de España, a treinta kilómetros de Logroño, ciudad donde vivía Alberto Martínez.

Las reuniones las hacían en un agradable restaurante del centro histórico.

José Luis García, vivía en Madrid.

Los tres amigos vivían la época ya casi olvidada de su lejana juventud, y en esas tardes de café, siempre la charla giraba en torno a las anécdotas, los recuerdos y las aventuras de esos tiempos, evitando hablar de enfermedades y dolencias.

Alberto luchaba contra una diabetes que inició cuando tenía diez años de casado y actualmente, seguía un tratamiento apoyado por su esposa.

José Luis había sufrido operación de la próstata siete años atrás y se había divorciado desde la fecha de su cirugía.

Mateo, padecía descontrol de su presión arterial y se cuidaba con medicamentos prescritos por su doctor.

Era tema tabú hablar de ellas, y cuando a uno de pronto le ganaba el deseo inconsciente de martirizar a los otros, inmediatamente lo dejaban solo. Se levantaban de la mesa hablando fuerte para que todos los clientes escucharan. A veces, alguno de ellos, lo hacía solo por divertirse e inyectarle otra dinámica al momen-

En la carretera, entre cansancio y sueño, Mateo sostenía el volante del auto, viendo el anillo que rodeaba su dedo anular. Lo miraba todas las veces que volteaba de reojo al tablero, para cerciorarse del kilometraje marcado en el cuentakilómetros, haciendo operaciones aritméticas mentalmente sobre el rendimiento del combustible. Se había dado a la tarea de ahorrar para los pagos de los medicamentos que necesitaba su mujer y un poco más, en caso de un gasto mayor inesperado.

El tiempo que trabajó en Miranda de Ebro en un centro de educación especial privado, le había dado muchas satisfacciones y una vida corriente y holgada, la cual vivían con comodidad. Nunca se preocupó en ahorrar para la vejez, tenía su pensión suficiente para solventar esta etapa de su vida, pero lo inesperado de la enfermedad de Selena con su tratamiento, los tenía en una situación limitada.

El último año que trabajó, logró guardar dinero para lo que se necesitara, pero se había esfumado en menos de un año y después, todo salía de la pensión.

Esas reuniones de amigos, las venían realizando regularmente cada seis meses, desde que Alberto y Mateo se encontraron de nuevo en la catedral de Burgos, donde se realizaba una misa- novenario en recuerdo de la hermana de Luisa, esposa de Alberto.

Ana había fallecido de cáncer de pulmón un mes atrás y ese encuentro fortuito, llevó a las parejas a platicar de sus vidas y recomenzar la amistad que había tenido una época larga de ausencia, por varios años. José Luis, que siempre había mantenido contacto con Alberto, al tiempo también se integró a las reuniones.

Desde 1989, Alberto se había instalado en Burgos, después de regresar a México, renunciar a su empleo en Abasolo, Guanajuato, y casarse con Luisa Fernández. Desde ese año, se desempeñó como maestro en la ESO hasta su retiro.

La decisión de Alberto de regresar y casarse, en su momento, fue el impulso que llevó a Mateo, a pensar en casarse con Selena, ir a México y también renunciar a su trabajo.

Con el tiempo y ya pensionado, Alberto y Luisa también cambiaron su residencia al igual que Mateo y Selena. Ellos se cambiaron de Burgos a Logroño, un hermoso pueblo rural, con bellos amaneceres y la tranquilidad de su poco movimiento citadino. Luisa se había dedicado a cuidar a su hija desde su nacimiento y dejó de trabajar en la escuela primaria.

Selena, cuando conoció a Mateo en Miranda de Ebro, era una estilista de renombre, eficiente y comprometida con su trabajo,

pero a raíz de su malestar y el cambio a Lodosa, instaló su salón en una de las pequeñas calles del pueblo cerca de la plaza principal.

Tenía clientela, le iba bien, pero últimamente asistía menos tiempo y delegaba el trabajo en sus dos asistentes.

Años atrás, en la época de la maestría y en el primer día del curso, Mateo conoció a Alberto en la misma escuela, ambos vinieron becados.

Mateo conoció a José Luis, cuando Alberto se lo presentó en una ocasión que se encontraron en el regreso de Burgos a Miranda en el tren.

Las primeras reuniones fueron ocasionales, sin fechas pactadas, y se llevaron a cabo en Miranda de Ebro donde vivían Selena y Mateo.

Después, las llevaron a cabo en Logroño. Los acompañaba también José Luis, que, en su tiempo no terminó la maestría, abandonó su trabajo en la escuela primaria particular donde trabajaba, se divorció y se cambió a Madrid, con Alfonso, su pareja y lejos de su familia, que no aceptaban sus preferencias sexuales.

Quitó la mano derecha del volante y la estiró hasta el asiento del copiloto para tomar un cigarrillo llevándolo hasta su boca, lo encendió con la misma mano sin dejar de ver la carretera y al darle un primer jalón de humo, sintió que algo no estaba con él.

La fortaleza para afrontar los problemas, lo abandonaba de nuevo.

En la siguiente bocanada de humo, visualizó la imagen de Sergio, antiguo novio de Selena y recordó las últimas palabras que Alberto le dijo terminando la reunión, palabras que había cambiado la alegría presente en todas las reuniones, por una preocupación, leve tristeza y confusión.

—¿Recuerdas al novio de Selena? —le había dicho muy serio, como no queriendo hablar de ello.

—Claro que lo recuerdo, contestó preocupado y arqueando las cejas…

Esas palabras trajeron a su memoria el periplo de 1989, cuando llegó por primera vez a España.

Era feliz. Y ahora, el novio de Selena estaba de nuevo en el enmarañado torbellino de los recuerdos.

—No cabe duda de que el hilo que separa los sueños actuales de los del pasado, es tan delgado que solo bastan cuatro o cinco palabras para romperlo y ponerlos de

nuevo al día, con toda la carga emocional que involucran
—pensó Mateo.

De nuevo regreso a ti,

porque no puedes ocultarme de por vida.

"Un sueño"

CAPÍTULO II

LA MAESTRÍA

1989

Mateo llegó días antes del inicio del curso a Miranda de Ebro, y lo hizo en tren desde Madrid.

Había alquilado un piso en la segunda planta de un edificio ubicado por la calle Vitoria, con dos habitaciones, baño, cocineta y calefacción, lo suficientemente cómodo y práctico para sus necesidades. Lo vio anunciado en un cartelito en la entrada de una tienda de carnes frías y le pareció económico.

Aparte de lo bien ubicado, los propietarios le habían pasado por alto el depósito en apoyo a su estudio, cobrándole solo 300 euros por mes, cantidad que autorizaba la dirección encargada de las becas. Solo basta decir que le llamó la atención, el espejo de la puerta del edificio que da a la calle —que curioso —dijo, por él puedes ver si alguien te ha seguido, y puedes decidir entrar o esperar. Buen detalle, pondré uno en la casa al llegar a México —pensó. Al lado izquierdo de la entrada, se encontraba un negocio de loza fina, llamado La Tolosa y al otro lado, La Mercana, donde vendían material para actividades creativas.

Salió del piso con la intención de recorrer un poco la ciudad, no le fue fácil acoplarse al frío que esa tarde se sentía hasta los huesos, pero, aun así, con todo y frío, caminó hasta la cafetería que el día anterior encontró por casualidad cuando fue a preguntar los horarios de las salidas del tren hacia Burgos.

En el trayecto, observaba cada detalle de los edificios antiguos, y en todo lugar, percibía un olor a closet, queso y naftalina.

Por las calles donde caminaba, veía en los edificios hileras ropa, sujeta con ganchos a unos hilos que cruzaban los balcones, secándose al sol, un sol, que se aferraba en no aparecer abiertamente.

Recordaba a Sasha.

Sasha Martín vivía en Burgos y le había dicho que se verían en un restaurant-cafetería ahí mismo en Burgos.

—*Se llama Gaona* —*dijo cuando hablaron por teléfono,* —*ahí el ambiente es relajado, informal, agradable y nos dejará platicar tranquilos.*

Ella trabajaba en una escuela del ESO *"Escuela Secundaria Obligatoria" en Burgos como prefecta.*

La conoció el día que asistió a un congreso de Educación especial en Guadalajara; ella estaba de vacaciones en Jalisco con su hermana Loana, que se desempeñaba como directora de un plantel de educación primaria ahí en Burgos también, la habían invitado a participar y Sasha la acompañó. Mateo fue conductor de un taller de integración de USAER. *a la educación secundaria, y le comentó en esa ocasión que coincidieron, que había la posibilidad de ir a su tierra a unos cursos y ella le ofreció su casa como estancia temporal.*

El curso llegó y ahí estaba ella respondiendo a su palabra, lo citó Burgos para platicar y apoyarlo, si lo necesitaba.

Cuando llegó a España, después del largo viaje de 11 horas de vuelo, transbordó al tren en Madrid que lo llevaría a Miranda de Ebro. En el transcurso del vuelo, se dio el suficiente tiempo para pensar y ver si era conveniente molestarla o no con él hospedaje.

—Aunque no conozco España, me puedo dar a entender, así que quizá no me vaya a su casa, como me dijo —pensó.

Sasha estaba casada y no se le hacía pertinente alojarse en su casa, aún no la veía y no le había dicho nada.

Tenía que ir en tren, así que fue a preguntar los horarios que salen para Burgos, después de recibir la información, se decidió.

Las salidas del Renfe hacia Burgos iniciaban desde las 7:06 a.m. así que compró un boleto por anticipado para el de las 11:07 a.m. que es el tren más económico y de media distancia con solo 54 minutos de viaje; los otros no le convencieron. En verdad si

era menos tiempo, pero más caro, sobre todo el tren-hotel de las 11:07 a.m. Su boleto le costó 9 euros.

Él estaba ahí, contento por haberse adjudicado el derecho de asistir a la maestría, y satisfecho de su trabajo, porque lo había logrado en base a su desempeño en el aula, viendo cómo se trasladaría a Burgos.

El curso duraría tres meses.

—Este lugar se ve tranquilo y me ayudará mantener toda la atención al trabajo que me espera —se dijo para sí.

El tiempo que hace el tren de Miranda a Burgos que marca el tablero informativo en la estación es de solo 50 minutos o un poco más y como las clases iniciaban a las dos p.m. tendría tiempo de tomar tranquilamente él tren de las 11.

—Tiempo suficiente para llegar —pensó.

Por esa razón no le pareció descabellada la idea de vivir a las orillas del Ebro.

Cuando entró a la cafetería después de recorrer las dos manzanas viendo tendederos llenos de ropa, se acomodó en la mesa que estaba cerca de la entrada. Inmediatamente se acercó una mesera muy amable que le saludó familiarmente. Mateo creyó que se había confundido porque le habló como si lo conociera de mucho tiempo; agradeció la atención, aunque unas palabras no las entendió de momento por su peculiar acento, que después ella misma le comentó el porqué.

—Soy de México —dijo Mateo, iniciando una conversación por decir algo.

—Soy de Andorra, todos allá somos amables y así hablamos. En los momentos que no había clientes, le platicó que llegó a vivir a Miranda acompañando a su madre y a su hermana, desde que era una jovencita.

Se llamaba Nuria Vidal y era muy atractiva.

Se desenvolvía de manera excelente en la atención para con los clientes; cuando caminaba le seguía los pasos y se divertía desviando la mirada de su cuerpo hacia el piso a cuadros oscuros y blancos como tablero de ajedrez, y en sentido contrario, del piso a su cuerpo, hasta sentir que se mareaba.

Lindo contraste con su cadencioso andar —se dijo.

Le pareció que derrochaba sensualidad a cada momento y solía guiñarle un ojo cuando se cruzaba frente a su mesa.

Mateo la invitó salir, pensó que podría ser su amiga y guía también.

—No puedo, tengo que ir al colegio por el hijo de mi hermana.

—Pero, quizá en otra ocasión —añadió

—Los mexicanos me caen bien, —continuó, tengo una

pareja de amigos de Jalisco que conocimos en Cancún.

La cafetería del Real era un lugar agradable. En la acera y antes de llegar a su puerta, se encontraba un bonito monumento en honor a los alegres y ruidosos San Juaneros, con su tambor enorme a los pies, que participan en las fiestas en honor a San Juan del monte, festejo que viene desde la edad media y se considera la fiesta más grande y más antigua del norte de España,

Los cuerpos esculpidos, una niña y un niño, muestran la alegría de las charangas y las cuadrillas, —un buen trabajo captado de manera muy impresionante por el escultor, —opinó mentalmente Mateo cuando las vio por primera vez.

Cuando le comentó de la escultura a Nuria, ella le dijo "Esos San Juaneros a los que alude el monumento, durante la romería recorren las calles de la ciudad y el monte, ataviados cada uno, con sus respectivos uniformes con el nombre de la cuadrilla".

—Que interesante —comentó Mateo, ¿y cuando se llevan a cabo?

—Se celebran en mayo, —lástima que ya pasaron—dijo.

En el transcurso de esos dos primeros días de caminar conociendo el lugar y visitas al café, llegaron a serle tan familiares esos san Juaneros, que los saludaba a diario, y

en más de una ocasión, creyó ver que movían las manos, saludándolo.

Mateo era un soñador, curioso, creyente de las energías y en su adolescencia intentó realizar viajes astrales apoyándose en lecturas que habían sido un impresionante almuerzo para las mentes de los jóvenes en los sesentas, e inicio de los setentas. En ocasiones hablaba solo en esa época y en uno de esos viajes, su ensueño lo llevó a esa ciudad sanjuanera.

En ese bar-cafetería de lujo, hermosamente decorado a base de finas maderas e iluminación diseñada estratégicamente para relajarse, siempre se encuentra alguien bebiendo o disfrutando el café, solos, o con amigos.

Un agradable ambiente sin duda.

Mateo, a días después de iniciado el curso, disfrutaba el sacar papeles de su mochila, ponerlos en la mesa y repasar lo visto en clase, saboreando el café caliente y a veces, sacando cuentas mentales de la cantidad de tazas bebidas desde que tenía uso de razón.

De cuando en vez, salía a fumar un cigarrillo e igualmente en cada bocanada del adictivo humo, hacía lo mismo, sacando la cantidad de tabaco quemado, ya que fumaba desde los 13 años de edad en su pueblo natal.

Pero ese día, se quedó un corto tiempo nada más y se despidió de Nuria porque quería descansar; aún le afectaba el horario biológico y tenía que acostumbrarse a él,

además, no quería llegar tarde a la cita con Sasha el día siguiente en Burgos.

Tenía que dormir bien, porque le había dicho que lo llevaría a conocer el lugar donde sería el curso y también a conocer la Ciudad, así que mejor descansaría para estar en condiciones de caminar un poco como turista.

Se levantó temprano y se alistó para ir.

Cuando fue a pedir información de las salidas, le gustó caminar todo el trayecto desde la calle donde vivía, hasta la estación.

Así que ese trayecto lo repetiría ese día que iría a Burgos.

Salió por calle Vitoria, caminó hasta la glorieta que tiene una "eme" minúscula en el centro de ella, en colores primarios: Rojo amarillo y azul, en esa glorieta, se cruzan las calles de Vitoria, Real de Allende, calle de la estación, y la ronda del ferrocarril que es por la que caminó 7 manzanas hasta dar vuelta a la derecha y llegar a la estación.

Y durante los tres meses de curso, igualmente.

En ese primer viaje, Mateo notó que los trenes realmente tenían un impresionante servicio. Fueron puntuales, estaban limpios, acondicionados y eficientes.

Nunca sintió apagada la calefacción.

El trayecto de Miranda de Ebro a Burgos es realmente impresionante, ofrece unos bellos paisajes que hicieron a

Mateo dudar, de si estaba ahí por estudio o por turismo.

Llegó a Burgos y Sasha lo esperaba en la estación. Se encontraba sola.

—No quise irme a la cafetería que te cité —le dijo, no quería que te extraviaras.

Y tenía razón, ya que no dejaba de voltear para todos lados, totalmente distraído admirando lo bello de la ciudad.

—De seguro si me hubiera extraviado —le dijo, y Sasha sonrió. Cuando ella le dijo en México que Burgos era una ciudad muy bella, se emocionó mucho, pero no creyó que estando ahí, su emoción cambiaría por admiración. Hay edificios que datan del año 1230, muchos monumentos hermosos, y el Castillo de Burgos, es una majestuosa edificación rodeada de plazas, jardines y una bien cuidada vegetación.

Llegaron a la calle que corre por la parte trasera de la hermosa catedral, donde se encuentra el café Gaona. Un simpático restaurant con mesas de metal, sillas tipo playa, cómodas y dispuestas en una terraza que daba a la calle con una enorme sombrilla en el centro.

Mateo, en el tiempo que duró el curso visitó varias veces el lugar y siempre lo disfrutó en grande como ese primer día.

En medio de la charla sazonada con café, le comentó del viaje, de la estancia ya arrendada en Miranda, y ella, le dio las indicaciones de como moverse en Burgos.

Lo llevó a conocer la catedral de santa María por dentro y quedó realmente impresionado por su belleza. Es una verdadera joya gótica, que pidió le contara algunas cosas sobre ella.

—Se inició a construir en 1221, terminándose 30 años después, lo que quiere decir, que en 2021 cumplirá 800 años —terminó diciendo Sasha.

Fue declarada Patrimonio de la Humanidad por la Unesco el 31 de octubre de 1984

La entrada tiene una serie de escalones que terminan en un descanso y una más que te llevan a la entrada principal, algo así como una calle estrecha escalonada.

Fueron a la Universidad donde sería el curso y después de cuatro horas de andar caminando y disfrutando de la ciudad, lo dejó en la estación de tren. Mateo le agradeció el tiempo que le había dedicado.

—Puedes utilizar el autobús o taxi, como lo desees, incluso a pie puedes llegar desde la estación a la Universidad —le dijo, tocándole la mejilla como gesto de amistad y apoyo.

—Muchas gracias por todo —dijo al tiempo que se inclinaba para despedirse con un beso en la mejilla.

La estación se encuentra fuera de la ciudad, pero no se le dificultaría llegar al colegio.

El siguiente lunes se inició la cátedra, y a Mateo le pareció muy interesante y amena. Los maestros les impartían la información de una manera sencilla, dinámica y concreta.

—¡Cuanta diferencia! —murmuró, recordando su preparación académica.

En México, por lo regular, a los docentes que acuden a un curso, se les observa una actitud de "ya lo sé" acomodándose en el banco con una pedante soberbia y midiendo al ponente como un igual; aunque éste se encuentre impartiendo un contenido no estudiado con anterioridad.

—Es menester qué en la docencia especial, realicemos una enseñanza donde cada alumno sea tratado individualmente —inició diciendo el maestro, —comenzando con descubrir el estilo de aprendizaje de cada uno de ellos.

—Nadie se esfuerce por obtener un diez, que aquí no existen, y si consiguen un nueve los felicitaré —acotó con voz enérgica, delimitando el espacio entre calificaciones.

En el primer receso del acontecer escolar, Mateo sale del aula en busca de un poco de café y a fumarse un cigarro, caminando un poco, encuentra una pequeña cafetería en el edificio contiguo a la dirección, donde pide un expreso bien cargado y saca el cigarro de la cajetilla.

—¿Eres de México? —escuchó decir cuando saboreaba el primer sorbo.

Volteando hacia donde provenía la voz, mira a un personaje delgado, bajito de estatura, con una sonrisa contagiosa que le ponía un poco de azúcar a su café.

—Sí —respondió.

—También yo, vengo de Guanajuato. Trabajo en Abasolo en USAER. (Unidad de Servicios en Apoyo a la Educación Regular)

—Te conocí por esa gorra de Manzanillo —le dijo.

—Yo de Colima, trabajo en un C.A.M, (Centro de Atención Múltiple) —asintió Mateo, acomodándose la aludida gorra.

—¿Ya miraste como le llaman a la cooperativa? —le cuestionó Mateo.

—Sí, aquí les dicen cafeterías escolares —contestó.

Platicaron el tiempo que duró el receso y contentos de encontrar un paisano en esas tierras tan lejanas, se retiraron cada uno a su aula.

Días después se volvieron a encontrar y platicaron más.

—Me llamo Alberto —le comentó.

—Mateo, —le respondió, mucho gusto conocerte.

Al terminar ese día, salió cansado, atiborrado de tanta información que no tuvo tiempo ni ganas de llegar al café.

Se bajó del tren, y en el camino a su piso, pasó al banco a hacerse de un poco de dinero. Llegó a casa con sueño y mucho trabajo por elaborar, así que el dormir se tuvo que esperar un tiempo más.

Al tercer día de clase ya se estaba acostumbrando al horario, así que, llegando a Miranda después de las labores, buscó una biblioteca para investigar unos datos que le pidieron.

La encontró por la ronda del ferrocarril, en un hermoso edificio de dos plantas, con un pequeño local a modo de restaurante, donde pudo pedir un emparedado en pan de centeno.

Vendían algunas botanas típicas que no probó esa ocasión, pero vio que una persona pidió un guisado de ternera fría y se le antojó tanto, que lo comió días después.

La comida española le agradaba, su paladar estaba hecho para todo.

Al entrar a la biblioteca, quedó impresionado por el área inmensa de anaqueles que tenían infinidad de libros, mesas y espacios reservados.

Preguntó qué documentos necesitaba para poder llevar libros a casa y le dijeron que a estudiantes extranjeros no le permitían extraerlos de la biblioteca, por lo que se vio en la necesidad de hacer consultas ahí mismo. Tendría que ir a diario.

—Si eres extranjero, no podemos darle a llevar ninguno —dijo la encargada cuando lo solicitó.

Dos días después, fue nuevamente a la biblioteca y le tocó conocer a una hermosa mujer que se encontraba en el lado contrario de su mesa, vagamente recordaba haberla visto la primera vez que fue al otro extremo, pero no le había puesto mucha atención.

Ese día si se la puso, y notó que poseía una gran belleza.

Miró disimuladamente los libros que estudiaba y consultaba. —Qué raro —pensó, ¿por qué leerá sobre genética y francés?

No le parecía que fuera francesa, no traía bata de estudiante de medicina y al parecer, también estudiaba sobre epilepsia porque la había visto caminar con un tomo enorme en la mano que trataba sobre ese tema. No le habló, ni lo intentó,

—¿A que se dedicará? —se dijo a sí mismo.

La siguiente ocasión que coincidieron, trató de platicar con ella preguntándole por la ubicación de los sanitarios, —obviamente sabía eso—, pero lo hizo con la intención de conocerla.

Quedó sorprendido porque ella le contestó en francés y esa respuesta la interpretó como una negativa a platicar, o un "estoy ocupada", según fuera el caso, cortando la comunicación y poniendo un freno a cualquier intención no deseada.

Ella, obviamente se dio cuenta que no era francés, y ni por asomo español,

¿Entonces? ¿Por qué le contestó en francés? —pensó.

Respetuosamente Mateo no insistió, pero se daba el tiempo de observarla. Era blanca, bonita, con el pelo corto que apenas llegaba hasta el hombro, hermosos ojos color miel y una sonrisa llana, sana, sencilla, alegre y con aspecto de ser una soñadora, como él.

Esa noche, acostado y soñoliento, aún tenía grabada su respuesta en francés:

—*Dans le couloir, en arrière-plan* —que salió de su boca, haciendo más lindos sus labios con el movimiento y la pronunciación.

Intentó buscar la traducción, pero se detuvo.

—Me quedaré con la duda y la próxima vez que la vea, se la pediré a ella, —pensó, vanagloriándose de su intelecto por la idea brillante que se le ocurrió.

Regularmente salía a las 6 de la tarde del estudio y se encaminaba diariamente a la estación acompañado de su amigo y paisano Alberto, que se bajaba en Briviesca.

Otros compañeros españoles, seguían en el tren hasta Miranda.

El día en que había decidido hablarle a la hermosa mujer de la biblioteca, no los esperó, tampoco tardó mucho para llegar al tren porque se fue corriendo a la estación. Quería verla ya.

Realmente le gustaba su expresión soñadora y su misterioso comportamiento. Deseaba saber más de ella y escucharla de nuevo, aunque sea en francés.

Sabía que estaría un poco más de dos meses en el curso y tenía que hablarle pronto.

Traía el valor que le salía del pecho, y la estima cargada de sueños tan alta, que tenía que hacerse presente y hablarle ya.

Ese valor que le había hecho falta días atrás.

La noche anterior, acostado, pensando en ella, se adelantó y trató de ponerle nombre.

¿Laura? Sofía?... y así, pasaron decenas de nombres por su cabeza, y al final, tomó la decisión de llamarle María.

También en España es un nombre común para una mujer, es utilizado acompañado de otro como en México; María José, María del Socorro etc.

Y así, pensando en su nombre y con la idea de invitarla, aunque fuera un café, el sueño lo fue venciendo.

Y ahora, venía del curso como loco, así que se bajó del tren antes de que se detuviera por completo, como cuando te bajas del camión en México, en las horas pico de tráfico, "corriendo".

Tampoco caminó por la ronda del ferrocarril como lo hacía a diario, tomó un taxi que lo llevó directamente a la biblioteca porque no quería perder tiempo.

Entró rápidamente saludando a la encargada de recibir a los visitantes, fue al lugar acostumbrado esperando ver en la mesa el altero de libros médicos, donde la vio la última vez, pero no estaba.

¡Vaya sorpresa!

Mateo, agitado por el esfuerzo de llegar lo más pronto posible, sin más de nada, se sintió triste. Dio media vuelta y se fue al café.

Después de trabajar un tiempo, una leve inquietud lo invadió. Se sentía satisfecho por el trabajo realizado ahí, pero ahora, también estaba un poco pensativo. Salió a despejarse y dar por terminado el día. Decidió caminar directo al piso pensando en ella y en porqué no había ido a consultar sus libros de medicina.

De pronto, se descubrió a sí mismo, caminar de un modo diferente, algo así como cuando a un pitcher le pegan dos home run seguidos y lo sacan del juego.

Todos los días, llegando de estudiar, se bajaba del tren, caminaba por toda la ronda del ferrocarril hasta la cafetería, se sentaba a tomar un café y platicar con Nuria. Se había acostumbrado a que lo recibiera siempre con una sonrisa y un comentario ameno, leía, estudiaba y descansaba un rato. Al salir se encaminaba por Vitoria hasta el departamento, satisfecho y contento, pero ese día, no estaba alegre. Estaba pensativo y triste.

El siguiente día tampoco llegó al café. Se dedicó a caminar de nuevo siguiéndose de largo por la calle Real de Allende hasta llegar al puente que cruza el Ebro, disfrutando de la preciosa vista nocturna y los interminables andadores.

Había mucha gente caminando.

Se sentó un rato a fumar un cigarro viendo la gente pasar y después, se levantó, para seguir hacia el Oeste una manzana inmensa, adentrarse a la calle Sorribas, que lo llevó directamente hasta Vitoria, a unos pasos de donde vivía.

Le gustaba hacerlo, disfrutaba la arquitectura y el estado físico de los edificios, sus bellos detalles y los olores clásicos de la ciudad.

Olía a viejo, a historia.

Una de las tantas veces que no llegó al café, sin saber porque extraña razón, se dejó llevar por las ganas de caminar nuevamente por la ronda del ferrocarril hasta el rio

Ebro, aun sabiendo que es el camino más largo para llegar a él.

Cuando llevaba caminando cuatro manzanas, se encontró al lado izquierdo de la acera, un hermoso parque que lo motivó a sentarse en una de las bancas que estaban ubicadas a la orilla de los andadores.

Desde ahí, se alcanzaba a ver el puente de hierro, donde la ronda cruza el rio, igualmente alcanzaba a ver el barandal protector, de la escalera que lleva hasta la orilla.

Con un cigarrillo en la mano y dándole bocanadas de humo, se percató que enfrente de él, se levantaba un enorme edificio de ladrillo rojo con grandes ventanales, unos hermosos murales a la entrada y tres conjuntos de edificios de una y dos plantas. ¿Qué será ahí? —pensó.

—Disculpe señorita, —le habló a una muchacha que cruzaba la banqueta.

—¿Es una escuela? —apuntando al edificio.

—Si, es el Instituto Urbina.

—Gracias —le dijo amablemente.

—¿Qué nivel es?

—ESO y Bachillerato para adultos, también hay cursos de idiomas, —terminó diciendo, y se fue al otro extremo del parque.

Después de descansar, se levantó y empezó su caminata hasta que llegó al puente, bajó las escaleras, dobló hacia el oeste por el andador y en el trayecto observó las bancas a la orilla del rio ocupadas por parejas y familias que disfrutaban la tarde, cobijados por las tenues sombras que indicaban la llegada de la oscuridad.

Tranquilo bienestar sentía en ese lugar.

Más adelante, llegó al puente Carlos III, donde la calle Real de Allende cruza el rio, se sintió bien de saber que se acercaba al piso, así que caminó dos manzanas más y llegó hasta Vitoria.

Ya en su habitación, lavó las camisetas sucias, un "livais" y le dio una limpiada a sus tenis con un trapo húmedo.

No tardó en caer profundamente dormido por el ejercicio.

El día siguiente cuando regresó a Miranda de la escuela, se fue directamente al café, no le dieron ganas de ir a la biblioteca porque sentía que no caminaría tan entusiasmado como días antes lo hizo, así que se acomodó en la silla que siempre buscaba para sentarse, pensando que quizá, no volvería a ver más a esa mujer leyendo y estudiando francés, sacó sus libros y los puso sobre la mesa.

Le gustaba ese café que preparan en maquinita de uno en uno, y cuando Nuria le puso frente a él una de esas humeantes tazas de la aromática bebida, se dedicó a saborearla y entonces, ella le dijo:

—¿Te gustan los caballos?

—Claro que me gustan —contestó.

—¿Porqué?

—El sábado y el domingo habrá una feria, algo así como una exposición que hacen cada año en Pancorbo.

—Venden caballos, dijo —Son únicos en el mundo y puedes pasearte.

—¿Tienes miedo subirte a ellos?

—Claro que no, y sí, me gustaría ir —contestó Mateo, un poco sin ánimo.

—Debes disfrutar un fin de semana coño y dejar el estudio por un rato —apuntó.

Pancorbo no estaba lejos de Miranda, había visto a diario ese bello poblado cuando pasaba en el tren rumbo a Burgos.

Le preguntó de ellos y le explicó lo suficiente para dejarlo interesado.

—Sí que sabes de caballos —le dijo Mateo.

—Sí, tenemos dos —mi esposo los cría allá en Pancorbo y vamos cada quince días.

Al escuchar lo que dijo, se percató de que nunca le había dicho nada de su matrimonio y tampoco le había preguntado.

—¿Estás casada?

—Sí.

Le contó que tenía seis años de matrimonio, su esposo era socio de un negocio de perfumes muy cerca de ahí, a dos manzanas del café, en el parque Antonio Machado.

—¿Es el parque que se ve cuando caminas por la ronda?

—Sí, ese es —contestó Nuria sin emoción alguna.

—¿Por qué no trabajas con él? —dijo extrañado. —El negocio es de dos hermanos y mi concuña trabaja con ellos, —Además, me gusta más aquí, siento que va mejor conmigo —dijo sonriendo.

—Pues sí que te queda este trabajo, por tu carácter.

—¿Tú crees eso?

—Claro que sí, y en ese negocio de perfumes, creo que también serías una estupenda vendedora —contestó Mateo.

—Ahorita vengo, dijo y fue a otra mesa.

Cuando le dijo que estaba casada, Mateo pensó instintivamente en la muchacha de la biblioteca.

—Debe estar casada también —se dijo, escondiéndose en sus pensamientos y en el sabor del café durante un par de horas más, y luego, afuera lo hizo agazapado en el humo del cigarro y el olor del ambiente.

Cuando entró de nuevo, sintió las miradas de las personas que estaban en las mesas contiguas, que, al parecer observaban su ir y venir a fumar.

Volteó discretamente sobre el altero de libros y cuadernos que tenía sobre la mesa, mientras se acercaba a ellos.

Las notó, las sintió y las comprendió.

Mateo se dio por enterado de que en ese café-restaurant, el ambiente mejora por las noches.

Cuando dejó de fumar por décima ocasión y entró de nuevo, Nuria le comentó:

—A veces hay música en vivo los fines de semana —añadió.

—¿Y esas muchachas vienen seguido? —le preguntó, mirando hacia la mesa de la derecha.

—No seguido —contestó, dando por terminado el tema de las chicas.

—Ya lo creo que se la pasa uno muy bien aquí los sábados   —dijo sin mucho ánimo.

Mateo bailaba poco, no tomaba alcohol y no eran precisamente unas actividades de su agrado.

Se acercó a la ventana donde Nuria le mostró el poster del evento en Pancorbo y comenzó a leer sobre la feria.

"GRAN FERIA DEL CABALLO EN PANCORBO"

Pancorbo es una ciudad pequeña de aproximadamente 450 habitantes, y se encuentra a diecinueve kilómetros al sur-este de Miranda de Ebro.

Mateo ya sabía del poblado, lo había visto varias veces cuando pasaba rumbo a Burgos, le llamaba la atención las altas montañas y lo accidentado del terreno. Antes de llegar se ve muy imponente el conocido desfiladero de Pancorbo, después se observa un hermoso puente de piedra donde se cruzan las vías con la carretera Madrid-Irún como a un kilómetro y medio, llegando al poblado por la falda de la montaña.

—¡Que impresionante está esa montaña! —había exclamado Mateo la primera vez que pasó por el lugar.

Recordaba que le había impresionado igualmente la cuesta de la Rumorosa en Baja California cuando fue de viaje a Tijuana, pero ahí en Pancorbo había más vegetación y sus laderas se ven de color azul a la distancia.

Dejó el dinero de lo que consumió y se despidió de Nuria, encaminando sus pasos por Real de Allende, el camino más corto hacia el rio.

Cuando llegó al andador, caminó un poco por la orilla lidiando con sus pensamientos: El trabajo de la escuela, la biblioteca, su familia en México, el dinero existente en su cuenta; y de nuevo, esa hermosa mujer sin nombre en la que no dejaba de pensar.

Se sentó en la primera banca que se topó para descansar y disfrutar de la noche.

—Solo un rato estaré aquí —pensó.

Estuvo tentado de cruzar el puente y caminar por el andador de la otra orilla, desde donde se puede observar más de cerca correr el agua, pero no lo hizo.

Había mucha concurrencia y de todo tipo, unos haciendo lo mismo que él, madres con sus hijos jugando, jóvenes en caminata enérgica y algunos sentados. Adultos mayores caminaban despacio acompañados de otras personas y algunos más, haciendo ejercicios de relajación y calistenia. Mateo, absorto en su curiosa observación de los afanosos recuperadores de salud, encendió un nuevo cigarro haciendo caso omiso de cualquier mensaje que atentara contra su adicción.

Sin darse cuenta del mensaje enviado por esas personas, o no quiso verlo, inconscientemente empezó a sacar cuentas de los días, semanas o quizá meses que no asistía a un gimnasio.

—Bueno, —dijo, al menos camino mucho.

—Verás Mateo, hoy caminaste… ¿cuántos pasos? —muchos, se   contestó. Volteó para mirar hacia la calle Real de Allende donde bajó al andador, quería calcular la

distancia y los pasos que había dado desde ahí, hasta donde estaba sentado, cuando la vio.

—¡Es ella, es ella, de seguro que si es! —"gritó hacia adentro, como los indios" emocionado.

La conoció en la manera de caminar, vestía una chamarrita corta y un pantalón de color negro, que hacía resaltar su piel clara.

La vio, aún en las sombras que cubrían el lugar y no dejaban ver.

Caminaba con temor y en repetidas ocasiones volteaba hacia atrás, como temiendo una persecución. Traía al hombro esa mochilita que varias veces le miró en la biblioteca.

—Si es —recalcó en su pensamiento, seguro que sí.

Al estar más cerca, no aguantó la emoción y se levantó emocionado, intentando hablarle por su nombre, pero se detuvo porque no lo sabía.

Cuando ella lo miró, se extrañó de que estuviera ahí, pero siguió caminando.

—*Bonsoir Comment allez-vous?*

—*Très bien, un peu fatigué* —contestó riéndose del acento francés de él.

—No sé francés, —sonrió, pero eso de fatigué debe de significar cansada —¿no?

—Si —dijo soltando una sonora carcajada.

Estiró la mano para saludarla.

—¿Dónde vas?

—A casa.

—¿Puedo acompañarte?, parece que vamos en la misma dirección, —dijo Mateo esperando que aceptara.

Apenas terminó de decirlo comenzó a caminar al lado de ella, que ya seguía su caminata por el sendero.

—*Oui* —contestó.

Rápidamente se acomodó a su lado derecho para que ella quedara al lado del rio.

—Esta será nuestra primera caminata por la orilla del Ebro, se atrevió a decir mirando su reacción y dejándole la velada invitación a otras caminatas posteriores.

—*Cela pourrait l'être, c'est sûr.* —le respondió sonriendo, y fue ella ahora, quién le observó fijamente.

Mateo arqueó las cejas intrigado y le pidió que lo dijera en español.

No lo hizo y solo extendió su mano para tomar la de él.

Sudaba. Ella sudaba, su mano sudaba. No se sentía frío.

Le pidió la mochila para ayudarla, se la echó al hombro y

ambas mochilas llegaron a su espalda. Mateo hizo varios movimientos para darse el tiempo suficiente y disimular su nerviosismo.

Volvió a tomar su mano, ella aceptó.

Después de caminar un trecho de aproximadamente 3 manzanas, sintió cansancio leve en sus piernas, pero mantenía la marcha con tal de saber más de ella, quería saber todo, y no dejaría de acompañarla.

—¿Falta mucho para llegar?

Ella no contestó nada y Mateo decidió respetar su silencio, mientras, el viajaría en el tiempo un momento…

Cuando años atrás estudiaba la normal y andaba cortejando a una compañera de salón que le gustaba, quería hacerla su novia. Un día, la vio llegar al salón cargando una sandía que le había regalado un alumno, y a la salida de clases se ofreció a ayudarle con ella, Fabiola aceptó su caballerosidad y se dejó acompañar a su casa. Resultó que vivía a bastantes calles de la normal, así que tuvo que cargar la sandía todo el trayecto sin decir nada al respecto. Ella lo veía jadear y sonreía al ver que se había metido en un lio agotador.

— Aquí sabré si te gusto lo suficiente —pensó ella.

—¿Falta mucho? —cuestionó.

—Ya casi llegamos.

Un ya casi llegamos leve, tan leve como inaudible, que escuchó a duras penas y con la vista borrosa por la fatiga.

Mateo reía y se imaginaba que esa sería la respuesta esa noche.

—Un, ya casi llegamos—

A orillas del Ebro, igualmente cansado que cuando cargó la sandía, arrastraba los pies y estaba a punto de preguntar cuanto faltaba para llegar, cuando escuchó el nombre soñado.

—Me llamo Selena.

Mateo, al escucharlo fue como una inyección para sus piernas, y comenzó a caminar como guardia inglés que custodia el Palacio en horario de cambio de guardia, solo que este ceremonioso caminar se daba a las 10 de la noche y no a las 12 de medio día en el Palacio de Buckingham, en Londres.

A una pregunta de él, ella le platicó que estudiaba el francés porque se le hacía un idioma muy cálido, y también porque su hermano Benoit, que nació en Francia y donde ha vivido siempre, nunca aprendió hablar el castellano y ella se dedicó a aprender el francés.

—Vi que hojeabas libros de medicina —preguntó.

—Si, leo sobre epilepsia hereditaria.

Mateo al escuchar eso dejó de cuestionar y ella no dijo más.

—¿Qué haces después de salir de la biblioteca?

—Voy al instituto de Urbina tres días a la semana y después me vengo por este andador —le comentó.

—¿Qué estudias en el instituto?

—francés, —contestó sin decir más.

Volteando hacia el rio, Selena comentó:

—Me gusta caminar por la ribera porque me proporciona una tranquilidad enorme y me da tiempo de pensar en lo que queda de mi familia —concluyó mostrando una leve tristeza.

—Vivo con mi hermana y su hija, ya las conocerás —aclaró.

Al escuchar aquella afirmación, se quedó emocionado.

—¿Y tú, que hacéis? —preguntó curiosa.

—Estoy en cursos, vengo de México, y voy a Burgos a diario —añadió Mateo.

Le tomó de nuevo la mano después de acomodarse un poco las mochilas, caminando un largo tramo sin pronunciar palabra alguna.

—Los silencios crean la melodía —pensó Mateo y esto que estoy viviendo, es una melodía hermosa —se dijo.

Tenía mucho tiempo sin sentir el calor de la piel de una mujer, y aunque el mes de octubre es frío, las últimas manzanas las recorrió sudando de las manos, igual que le sudaban a Selena al encontrarse esa noche, le agradaba sentirlas así, no lo podía negar.

Subieron por la calle Vitoria hasta dar vuelta en ciudad de Toledo y antes de dejarla en el pórtico de su piso, le contó qué en el café Del Real, le habían contado de una feria en Pancorbo, y quería ir a conocerla. La invitó.

—¿Irías?

—Me encantaría ir claro, pero no sé si pueda.

No insistió.

Charlaron un poco antes de entrar, le dio las gracias por permitir que la acompañara y se despidieron con un beso en la mejilla.

Feliz caminó a casa, dándose cuenta de la lucha que libraba contra sí mismo por las ganas que le dieron de hacerlo en la boca, cuando la tuvo cerca. No podía negar que tenía unos labios hermosos, y desde que la vio por primera vez, le parecieron excitantes.

Para su pesar, cuando volteó la mirada al pórtico esperando verla despidiéndose con un bye-bye, ella había desaparecido. Tenía una leve ilusión de que le estaría observando alejarse para despedirse de nuevo, pero no fue así.

Soy un soñador empedernido —dijo, sin importar decírselo a nadie.

Nueva noche en tristes conjeturas, pensaba en que ella tuviera novio y también en la lejana posibilidad de darle un beso si así fuera.

Y de nuevo, ¿tendrá novio? ¿esposo?, no sé, pero me gusta.

—¿Cómo no se me había ocurrido pensar que tenía pareja?   —se decía y se contestaba solo, —debe tener.

Es más bella que lo imaginado, por cualquier soñador.

Tenía 24 años, según le había dicho, por lo tanto, no es una adolescente, además, le parecía inteligente, estudiaba francés y leía mucho.

¿Por qué estaría sola? ¡que ingenuidad! —se repetía Mateo, cualquiera querría ser su pareja.

Intentaba dormir, pero solo lo hacía a intervalos, soñaba y para su mala suerte, siempre despertaba cuando estaba a punto de besarla.

Muchos sueños habían tenido en el transcurso de su vida, en su mente y en su corazón, pero pocos con ese resultado.

Regularmente las besaba, sí, pero en el sueño.

Era un soñador incurable.

Soñaba con ella y cuando se despertaba del sueño casi la besaba. Se volvía a dormir.

Cuando lograba reanudarlo, solo se veía sentado al lado de ella en una banca, a la orilla del Ebro, abrazados, sin beso alguno.

En las despertadas que daba, pensaba en la feria del losino.

Quizá Alberto, su compañero de maestría y amigo podría acompañarlo, sería el siguiente sábado y no habrías clases, eso, en el caso dado de que Selena no pudiera ir. —pensó antes de cerrar los ojos y olvidarse del beso.

Así que el siguiente día, cuando lo vio, Mateo le hizo la invitación.

—Me gustaría, pero tengo una cita en Burgos con una compañera de estudio —le contestó.

—Me va a presentar a sus padres —añadió emocionado.

Alberto vivía en Briviesca, y como Mateo, también se trasladaba al curso en Burgos.

Unos días antes, le había invitado a cambiar su estancia a Briviesca, pero a Mateo le gustaba Miranda, le gustaba su gente, su ambiente, su café, su biblioteca y Selena, por esa razón le dijo que no.

La semana no fue larga por la espera, sino por el trabajo que se le vino encima y pasaba mucho tiempo en la biblioteca, en papelerías sacando copias y elaborando productos que les pedían a diario.

Era una maestría muy pesada en modalidad presencial, intensiva y semi - escolarizada, por lo que también tendría que enviar productos desde su país de origen.

La siguiente vez que se encontró con Selena en la biblioteca, fue más comunicativa, también, mucho más amable que cuando la conoció, cada día le parecía más simpática y hermosa.

Le invitó un café ahí en la cafetería de la biblioteca, pero no aceptó, en cambio, a un cigarro no se negó y ansiosos salían a fumar al balconcito que quedaba en la entrada, antes de bajar los escalones a nivel de la calle.

Mateo, cuya intuición le había dado muchas satisfacciones, notó algo en ella que le llevó a pensar que esa mujer, necesitaba una persona con quién desahogarse, a quién comunicarle algo que le estaba doliendo, algo que le apretaba el corazón.

Sus momentos de silencio le decían que algo le preocupaba.

Percibiendo esa tristeza que se afanaba en ocultar, y que de hecho lo hacía muy bien, le invitó a pasar un rato charlando.

—Vamos al café que frecuento ¿vale?, y para su sorpresa, ella aceptó.

—Vale, vamos, que no asistiré hoy al Instituto —le respondió emocionada y con esa rara tristeza que en ocasiones saltaba a la vista.

Sonreía, pero sus ojos estaban tristes.

Mateo la miró embelesado y contento, después, entraron nuevamente a el edificio.

Consultó algunos datos en el libro: "LA ORGANIZACIÓN DEL APRENDIZAJE EN EDUCACIÓN BÁSICA" DE ED. PAIDOS. ESPAÑA1968 DE DEAN Joan.

Cerró sus cuadernos y volteó a donde estaba ella, se levantó a entregar el libro a la señorita encargada y caminó hacia donde, de pie, estaba consultando uno de aventuras en francés.

Ella, le quitó el separador y lo entregó, fue al baño y después de un momento, salieron.

Le pidió nuevamente su mochila y como en la caminata a orillas del Ebro, se la echó al hombro.

En el trayecto al café, Mateo le tomó la mano, ella volteó agradecida a verlo, le envió una maravillosa sonrisa y apretó la suya.

—¿Qué tanto traes en la mochila que pesa mogollón?

—Selena sonrió por la expresión tan española de Mateo.

—Son mis instrumentos de trabajo, joder —dijo soltando una carcajada.

Esos espacios tan alegres y espontáneos que se daban entre ambos, era lo que más empezó a gustarle de ella, después de su belleza.

Al pasar por los San Juaneros, Mateo los saludó, y le confesó que eran sus amigos. Ella se sonrió de lo ocurrente y lo jaló hacia ella.

Llegaron al café y se sentaron en la mesa donde él acostumbraba estudiar, hizo a un lado el contenedor del azúcar y la sal. Sentía que le estorbaban para tomarle la mano, si la ponía a su alcance.

—El ser humano es gregario —dijo Mateo, con tono de la más pura filosofía, y le cuestionó:

—¿Lo sabías?

—¿Porque lo dices? —dijo, regresándole la pregunta.

—Porque en esta mesa gregariamente estoy bien, me siento parte del grupo de personas que aquí trabajan o acuden a charlar cuando vengo a tomar café y estudiar, es la naturaleza   —dijo ceremoniosamente filosófico.

—¡Joder, que me he encontrado un Mateo gregariano! —dijo Selena soltando una carcajada.

Un mesero los atendió y solo pidieron café.

Mateo volteó buscando a Nuria, pero al parecer era día de su descanso.

Después del segundo sorbo de café le dice a Selena:

—¿Te gustaría platicarme algo más sobre lo de la otra noche?, sabes que en mi tienes un amigo que no cuestionará nada de lo que digas y solo escuchará —le susurró con voz serena acariciándole el alma, al tiempo que rozó su mano sobre la mesa.

—Esa noche, en el Ebro, noté preocupación, como si alguien te siguiera.

—No era nada, solo que me da un poco de miedo la noche, pero aun así me gusta caminar, pero gracias, todo está bien   —dijo con voz entre "chipilona" y tierna.

Hablaron de todo un poco, Mateo le contó de costumbres mexicanas, de algunas de las situaciones que se daban en el curso y se rieron con chistes narrados por ambos, hasta de algo que miraban alrededor sacaban plática.

De pronto, Selena, dejando de sonreír, con voz firme dijo:

—Tenéis razón, si necesito platicar de algo que ya no lo aguanto —expresó con leve dejo de tristeza.

Mateo, al escucharla, le puso atención cuando empezó hablar de eso que tenía reprimido.

—Se trata de mi hermano menor, está enfermo.

Guardó silencio y esperó a que continuara.

—Desde pequeño vive con mis tíos, y cuando tenía doce años sufrió unas leves convulsiones, que los preocuparon. Lo llevaron con doctores y después de estudios neurológicos, le diagnosticaron epilepsia.

No pasó a mayores y continuó asistiendo a la escuela, pero tuvo algunos accidentes y optaron por que ya no fuera y desde ese tiempo ha estado ayudándole a mi tío en su taller mecánico. Cada vez le dan más seguido y ha sufrido caídas fuertes, ellos ya no son jóvenes y les es difícil atenderlo, mi hermana y yo, creemos que deberíamos hacernos cargo de él.

—Ellos ya no saben qué hacer, me lo han dicho —dijo finalmente.

Se quedó callada, tomó la taza con ambas manos, le dio un pequeño sorbo al café dejándola junto a sus labios, y pensativa, volvió a tomar un poco más mirando a Mateo esperando una reacción. Su rostro, aunque triste, se le notaba más relajado que cuando llegaron a la cafetería.

—*No cabe duda de que esta mujer tiene un corazón enorme y ama mucho a su familia —pensó Mateo.*

Después de ese silencio, donde Mateo trataba de asimilar las palabras que dijo, preguntó:

—¿Dónde está?

—Aquí cerca, en Francia.

—¿Por qué allá? —cuestionó intrigado.

—Verás, te diré lo que es.

—Mis abuelos maternos nos criaron en Barcelona a mi hermana Adèle y a mí desde que éramos pequeñas, a él lo criaron mis tíos en Francia.

—¿Y tus padres?

—Ya se han muerto.

—Lo siento —dijo Mateo consternado.

—¡Verás que historia me traigo! —¡estoy metida en el ajo, joder! —exclamó.

Mi madre nació en Barcelona, ahí conoció a mi padre que había llegado de Francia.

Se casaron siendo mi madre muy joven y vivieron ahí mismo en Barcelona los primeros años de matrimonio donde nacimos Adèle y yo.

Mi hermana tenía solo dos años y yo cuatro cuando mis padres cambiaron la residencia a Alto Garona de donde era mi padre, y lo transfirieron en su trabajo.

Mi madre llegó embarazada y tuvo a Benoit tres meses después.

Benoit apenas cumplía dos meses de edad cuando mis padres murieron, y lo llevaron a vivir a casa de una hermana de mi padre en Bagnères-de-Luchon cerca de la montaña en los Pirineos, en territorio francés, a mí hermana y a mí nos trajeron a vivir a Barcelona con mis abuelos maternos.

—¿Cómo murieron?

—Nos dijeron mis abuelos que mi madre y mi madre venían del trabajo y se volcaron, los médicos que le hicieron la autopsia dijeron que le había dado una convulsión epiléptica.

Mis tíos con los que vive Benoit, nos han contado que normalmente mi papá llevaba el coche a su empleo, pero ese día lo dejó para que mi madre llevara a la estación a mi tía que se regresaba a *Bagnères-de-Luchon*, de donde vino a conocer al niño.

Mi tía siempre se ha culpado por la muerte de ellos, dice que, si no hubiera ido a Alto Garona, mi madre viviría.

Mi tío Fabien, ha sufrido mucho por la tozudez de mi tía, la ha llevado a terapia, pero no ha logrado avances significativos para que deje de culparse todos estos años.

Nadie ha podido hacerle entender que no la tuvo, que Dios así quiso que pasaran las cosas, y desde que Benoit se puso malo, fue peor, no deja de pensar que ella es la que tiene el diablo adentro, sin dejar de repetir que las muertes y la enfermedad de Benoit, todo es culpa suya.

Consternado, Mateo se disculpó con Selena y fue al baño.

Se tomó un poco de tiempo para tratar de alejar una profunda sensación de tristeza, y desánimo, haciendo unas respiraciones profundas, inhalando y exhalando con fuerza.

Cuando regresó a la mesa, el mesero servía de nuevo café en las tazas casi vacías.

Selena continuó contándole de su vida.

—Y luego, mi novio y yo vivíamos juntos, pero a raíz de que mi hermana se mudó, hemos tenido muchos problemas y se ha ido a vivir a otro lugar, además me molesta cada que quiere, le digo de mis planes de traer a Benoit a vivir conmigo y dice que estoy loca, que no puedo ni debo tenerlo aquí.

—¡Joder! —mi novio me juzga cada que hablo, ya no puedo platicarle mis cosas siquiera, y la verdad, a veces no quiero ni hacerlo porque eso nos ha traído problemas hasta en la intimidad, me dice que ya no lo quiero, piensa que, si ya no le digo nada, ni quiero estar con él, es porque ya tengo otro hombre o me empezaron a gustar las mujeres.

Suelta una carcajada.

—¡Qué soy bollera!, jajaja —continuó:

—¡Qué se yo de tantas idioteces que dice! —"es un mala-leche" un soberbio y un prepotente o ¿cómo les dicen ustedes? Ah, sí:

—¡Un hijo de la chingada! —lo dijo con tanto coraje, que dejó salir el llanto que le apretaba el alma.

Algunos clientes cercanos, voltearon a verla sorprendidos.

Selena, dejó de hablar y Mateo le acarició su mano, ella lo miró y apretó la de él en respuesta.

Había visto llorar a alguna que otra mujer, pero viendo a Selena, se le hizo un nudo en la garganta. Nada dijo, se concretó a verla pasándole su pañuelo para que limpiara sus ojos.

Ella volteó a su alrededor y entre sollozos le dijo:

—¡Es que quiero traérmelo! —expresó inaudiblemente.

—¡Es difícil para mí porque debe de sufrir mogollón!...

—Mi hermana y yo —continuó, no ganamos mucho y apenas nos alcanza, a ella se le hace difícil ayudarme con los servicios porque gasta en la crianza de su hija, pero yo le digo que vamos a salir adelante y que estoy muy feliz de que estén conmigo.

—No quiero que piense que es un estorbo.

—¿Dónde trabajan?

—Trabajamos de estilistas en un salón que queda por la calle de Santa Lucía, cerca de donde vivimos.

Todo el tiempo que ella le platicó de su vida, Mateo optaba por comunicarle con lenguaje corporal que lo sentía, que, si pudiera le ayudaba.

—Así las cosas, mi hermano cada vez está peor y mis tíos ya me dijeron que no pueden hacer mucho.

—Ya harás algo al respecto, lo sé —dijo Mateo comprensivamente.

Salieron a fumar y después de un tiempo prudente, le preguntó:

—¿Qué has pensado de la feria? ¿irás?

—Si que vamos a ir, el novio de mi hermana nos llevará.

Aprovechando la plática de novios, Mateo le preguntó por el suyo.

—¿Y tú novio? —escudriñando su reacción.

—Él no puede —respondió sin tristezas, —en la fábrica donde trabaja tiene mucho que hacer, además no tengo ganas de decirle, ni verlo.

—¡Qué lástima que no pueda! —dijo con cierta alegría.

—¿Te gustaría ir con nosotros?

—Gracias, me iré en el tren —no me gusta molestar si no es necesario. —recalcó.

—¡Vamos anda! ¡que no es molestia! —insistió.

—Gracias, mejor allá te veo, y aprovechando que tu novio no va, me gustaría conocer el castillo de Santa Marta, leí que es interesante conocerlo y que es un hermoso espectáculo admirar el valle desde sus ruinas.

—¿Me llevarías?

—¡Vale!, claro que si —contestó.

Dos veces más la acompañó en el recorrido nocturno por la ribera del Ebro, las mismas que a duras penas, Mateo tuvo que utilizar la templanza para no besar sus labios, y aunque la había besado mil veces con la vista, sus ojos le proporcionaban esa satisfacción, pero a medias.

Soñaba a diario que los tocaba y el olor de su perfume lo tenía hasta el fondo de sus neuronas. Su manera de caminar le dejaba en blanco la mente y azotaba su timidez contra el piso, no solo la de él, sino la de todos los que la miraban pasar, y su cálido acento al hablar, descansaba perennemente en su oído, aunque estuviera dormido. Sabía que alguna vez lograría su sueño, pero Selena estaba comprometida y eso, frenaba su posibilidad para concluirlo.

Como cuando en una ocasión que buscaba un libro en la biblioteca, se encontró con ella en el estante de medicina.

Llegó a acercársele tanto, que inmediatamente sintió que, por sus venas, la testosterona recorría todo su cuerpo, acumulándosele en su naturaleza masculina.

Le nublaba la vista y le paralizaba las sinapsis; le hacía voltear torpemente a su alrededor para ver que nadie los viera y juntar sus labios con los de ella. Pero se detenía.

Mateo sintió la gloria y Selena lo sintió a él, volteó a verlo y sus mejillas quedaron tan cerca una de la otra que solo faltó un ligero y débil centímetro para rozar su boca.

Sintió su aliento, su tibieza y el palpitar de su corazón le parecía que emprendía una loca carrera fuera de su pecho, pero se retiró caballerosamente abandonando la intención de besarla, dejándola extrañada y ansiosa, con un triunfo del ladrón que había atado su corazón al de él, valiéndose del respeto del valor a la fidelidad que Mateo valientemente profesaba.

La noche del viernes, cuando la acompañó de nuevo hasta su casa, le deseó un buen descanso, se despidió con un hasta mañana y ya no sintió esa ya casi lánguida necesidad de besarla en la boca.

Algo le había frenado ese impulso inicial, Mateo lo percibía y con asombro, se daba cuenta que se estaba extinguiendo.

Mateo empezó a cambiar su sentir para con ella pues ya no era solo su presencia lo que le atraía. Su corazón, cual caja registradora, había sumado la honestidad, la fuerza fraternal y el amor por la familia a la atracción física.

Apreciaba mucho la confianza inesperada que depositó en él al contarle pasajes de su vida, la que lo estaba llevando a otra situación en su sentir.

El hacerle saber de su dolor y la enorme pena ardiente de estar al lado de una pareja como la que había descrito aquella noche, cambió su corazón, sentía cariño y comenzó a amarla.

La mañana siguiente se levantó muy temprano, se metió a la ducha caliente como todos los días, pero esa vez se tardó más de lo acostumbrado, no tenía prisa para entrar a ninguna parte, era un día libre, así que lo disfrutó a lo máximo, nada y mucho tenía por hacer, solo hasta las diez que empezaría la feria. Se tomó un buen tiempo de relax bajo el agua y recurrentemente le llegaban los recuerdos de Selena, de su rostro, de su alma y de su cuerpo; también pensaba en que conocería un losino, que le tocaría la piel y que podría rastrear cientos de años de historia con las yemas de sus dedos, igual con ella, si se daba la oportunidad no la dejaría pasar, por más pequeña que fuera, la tendría más cerca, más libre y quizá más receptiva.

Tenía mucho tiempo de no acariciar un hermoso cuerpo femenino y podría ser el de ella, así que animado y sintiéndose nuevo, llegó a la estación, pagó dos cincuenta euros y se trepó al tren que saldría a las nueve con tres minutos.

A Mateo no le cabía la menor duda de que el servicio de trenes en España eran un medio muy efectivo y confiable de viajar, los horarios, rara vez se vieron violentados por más de tres minutos en el tiempo que había utilizado ese transporte.

Esa vez no fue la excepción y exactamente a las nueve cuarenta y cinco llegó a Pancorbo, ese era el tiempo marcado en el tablero del vagón y en el boleto de anden.

En verdad, no es lo mismo dejar pasar el paisaje a gran velocidad cuando viajas absorto en los compromisos como el que tenía en el curso; que estar atento a él y de frente, no ir a la escuela y descubrir la majestuosidad del desfiladero mientras se deslizaba el tren hacia Pancorbo.

El desfiladero, es un ícono de Pancorbo, y también el centro de las innumerables miradas de los turistas que abrían inmensamente los ojos para admirarlo, como lo hizo Mateo.

Desde el tren, viniendo de Miranda de Ebro, al lado izquierdo, se alcanzaban a divisar las famosas ruinas del castillo, o como le decían "Castillo de santa Marta".

A lo alto, entre lo accidentado de la montaña, se alcanzaba ver su fortaleza y pequeñas partes de sus paredes de piedra destruidas por la naturaleza y el tiempo.

Miró la panorámica autopista del norte, en el tramo donde se desliza imponente por la falda del desfiladero que va rodeando la ladera, para después entrar a un túnel que atraviesa la montaña, un poco más arriba de la carretera Madrid-Irún. — bello paisaje—. Pensó.

Las vías están tendidas cerca del poblado y el tren al llegar, poco a poco baja la velocidad hasta parar totalmente en la estación.

No le fue difícil a Mateo caminar hasta donde sería el evento porque desde la estación, se veían las mantas y los carteles anunciando la feria, que estaba instalada en un terreno baldío cerca de la iglesia de San Nicolás.

Mateo llegó antes de que iniciara el desfile donde presentarían los ejemplares de losinos, esos animales, según leyó, son de la más pura raza natural de Castilla y León.

Estos caballos oriundos del Valle de Losa, permanecían dentro de corrales instalados exprofeso, y toman su nombre precisamente por venir de ese valle.

Esos corrales, se encontraban al lado del camino y delimitados por una barda de piedra a más altura que ellos, razón por la que estaban llenos de visitantes alegremente sentados en ese muro, y más abajo estaba la estructura metálica de las vallas y podías acercarte para admirarlos, si se deseaba.

Las actividades que presentaban y que desde esos lugares se podían ver eran: la monta, ejercicios de tiro, el trote de los losinos, el paseo en calesa tirada por dos caballos y un carromato tirado por un bello ejemplar que mostraba sus crines al aire para deleite de los niños, que eran los mas aferrados pasajeros de las calesas.

Mateo se detuvo frente a un corral donde un trabajador de campo, instalaba las herraduras a un dócil losino color negro que se encontraba cooperando a ello, actividad que se presentaba al mismo tiempo que la trota en el corral de al lado. El herraje de losinos, según la informaron que le dieron, se viene realizando desde siempre en los ejemplares domados, no así en los que se encuentran en semi libertad en las praderas detrás de las montañas donde se encuentran las ruinas del castillo. Esos ejemplares semi libres, constituyen la mayor manada de losinos que deambulan por el valle y no es difícil verlos ahí pastando.

"Donde habitan las manadas, ha sido decretada reserva natural para protección de los ya casi extinguidos losinos, y desde 1986 se inició un plan de recuperación" —leyó Mateo en un tríptico que le ofrecieron.

La población de los caballos, apenas alcanzaban los 250 ejemplares en la fecha que Mateo se encontraba en Pancorbo.

Según supo, el oficio de herraje, se ha visto disminuido por las pocas solicitudes del trabajo, llevando a los herradores a realizarlo de manera ambulante.

En esa ocasión Mateo aprendió como lo hacían.

Las herramientas utilizadas son las comunes y se busca que el animal no sufra al pisar.

Las presentaciones que llamaron mucho su atención fue la doma y los ejercicios de tiro, que eran realizadas por los dueños de los losinos, y terminando la actividad, los ofrecían en venta.

Los trípticos que reparten en la feria ofrecen información completa del caballo, el que también es conocido como jaca burgalesa.

Tomó el tríptico y leyó:

—CARACTERISTICAS DEL CABALLO LOSINO—

Altura: de 1.30 a la cruz, en la hembra y 1.50 m. en el macho en promedio y es una raza que genealógicamente son de 1.20 m. mínimo y 1.50 m. máximo, siendo la más frecuente de 1.33-1.38 m.

Peso: de 332 kg. hasta 360 kg.

Su cuello es ancho en la base y menor tamaño al llegar a la cabeza. La cola, en la parte alta tienen mucha crin.

Su color es negro principalmente, morcillo(rojo) y zainos. El losino, según su ADN es un auténtico caballo castellano, pariente del cata-

lán y los reyes católicos los utilizaron como montura para la caba-
llería pesada.

Es de orejas pequeñas y curveadas con, una leve depresión en su
borde interno "hoja de alfanje" ojos vivos y sus "labios inferiores"
son gruesos.

El caballo es el de mayor pureza de todas las razas de caballos de
España.

Mateo se encontraba recorriendo el lugar, mirando las actividades y disfrutando del ambiente, cuando en medio de la multitud, mira a Selena que se acerca al lugar donde él se encuentra.

Selena venía caminando al lado de su hermana, mirando los caballos emocionada. La hermana caminaba tomada de la mano del novio. Los tres sonreían felices.

Tratando de no verse tan obvio, se plantó por donde pasarían haciéndose el distraído, mirando de reojo donde herraban al caballo, ella cuando lo vio, le lanzó un saludo con la mano alzada y una sonrisa en el rostro, se separó de ellos, lo abrazó y le plantó un beso en la mejilla.

—¿Cómo te encuentras chaval atrevido? —dijo gitanamente, expresión que hizo que sus mejillas se sonrojaran.

—Ya no soy chaval, —contestó Mateo —apenado.

—En México chavalo es joven —apuntó, y no soy tan joven ya.

—¿Cómo estás tú mija? —dijo, —así saludamos allá y estiró la mano.

—Muy bien —respondió, sonriendo y tomándolo de la mano para llevarlo donde su hermana y su novio.

—¡Miren! —les dice contenta, como acostumbraba estar la mayoría de las veces.

—Él es Mateo, el amigo mexicano del que les hablé.

—Mucho gusto de conocerle —dijo, dirigiéndose a Mateo, es un placer.

—El gusto es mío —les contestó, estirando la mano hacia ella y su novio.

—Me llamo Adèle —y él es Biel —dijo señalando a su novio.

—Hola —habló Biel.

Después de las presentaciones, Adèle llevó a su novio donde seguían en la demostración de herraje.

No cabe la menor duda —pensó Mateo, si el universo se alinea, todo sale como lo deseas, soñé tanto estos días en poder tener un espacio largo a solas con ella para platicar y sentirla junto a mí, y ahora que sucede, me doy cuenta que las reacciones de mi cuerpo, no son las del bandolero de 18 años que no hacía otra cosa que desear la piel, el calor y el aliento de una muchacha, ahora la deseo, pero siento que la amo—.

Después de rodear el corral de eventos, caminar un tiempo platicando los cuatro y saborear unas frutas en vaso, Selena le dice:

—¿Quieres subir a las ruinas bombón? —dijo sugestivamente.

Mateo se ruborizó por la expresión.

—Cuando quieras hermosa, ¿no le veré las orejas al lobo?

Selena suelta la carcajada y le contesta:

—Claro que no, ¿crees que estoy a dos velas?

—Puede ser, y es mejor andar con pies de plomo —terminó la plática.

Selena le avisa a su hermana que irían al castillo. —Cuidado con los escalones —le advirtió.

—Claro que lo haremos, —contestó, iniciando la marcha rumbo al sendero que lleva a la montaña.

Mateo dentro de tres meses, llegaría a los treinta años, Selena tenía cinco años menos que él.

Hacía ejercicio moderado, pero le agradaban más las actividades sedentarias: frecuentar cafeterías, leer, escribir y caminatas leves sin organización ni compromiso.

Ella era una mujer muy bella, fuerte, llena de vida y con una energía tan distinta a la de él, que solo se dio cuenta de la diferencia, cuando tomados de la mano subían la cuesta por las escaleras.

En repetidas ocasiones se detuvo jadeando y entre de-
sesperadas aspiraciones de aire, le hablaba de la felicidad
que sentía al estar con ella y del hermoso panorama que
tenía ante sus ojos, así que, aprovechando esos pequeños
descansos que había en la hilera de escalones, los usaba
para recuperar la respiración hasta que regresaba a la
normalidad.

—Sí, es hermoso observar el paisaje desde aquí —le comentó ella, cuando reanudaban la subida de las escaleras
metálicas que se encontraban instaladas en tramos donde
no era posible escalar sobre la ladera.

Se paraba detrás de ella para sentir su cuerpo junto al suyo, dejaba a sus sentidos llenarse del perfume que emanaba de su pelo, la estrechaba por la cintura y le decía al
oído lo mucho que le gustaba: le contaba de las noches
en vela que pasó deseando ese momento, que soñaba
despierto y que cuando sus ojos se cerraban, la seguía
acariciando en el sueño.

Le pedía que uniera sus ojos a los de él para que juntos
disfrutaran del paisaje, recordándole que, aunque ella tenía novio, le agradecía que estuviera ahí en sus brazos,
escuchando con sus oídos, viendo con sus ojos y sintiendo su cuerpo junto a su cuerpo.

—Te necesito, —le susurró al oído, —quiero temblar
junto a ti.

Ella dejaba que Mateo le acariciara el corazón y el alma con sus palabras, pegando su cuerpo al de él.

—Me gustaste desde que te conocí, solo te deseaba, pero ahora, ya creo que te amo y deseo estar más tiempo contigo.

Mateo deseaba besarla, hacerle el amor todo el tiempo que se necesitara para impregnarse de su sabor, del olor de su piel y que la unión de sus cuerpos durara tanto como dura el ir a saturno.

Ella escuchaba, sin pronunciar una palabra.

La tomó de la mano y la aceró tanto a su cuerpo que cuando la besó, sintió su temblar y su estremecimiento, percibió que su reacción instintiva luchó por alejarse de lo prohibido, de lo no permitido por la dosis del reglamento humano que se encuentra depositada en la conciencia, y que evitaba vivir con libertad.

Le mencionó de la belleza del losino: de que su belleza irradiaba de su carácter libre, de su calidad de orejano, sin dueño y que no sería su existir tan hermoso si tuvieran propietario, que la tristeza de nuestra existencia siempre será el pensamiento del pudo ser y de lo que se vive encadenado al pasado.

—Si coincidimos en nuestra existencia y si la vida nos llevó a este lugar, tenemos que recibir esa bendición y dejarnos llevar por ello —le susurró al oído.

—Seamos como los losinos, libres de herrajes, de marcas de sangre, de marcas y retocemos en las praderas —dijo románticamente, insinuándole el olvido del compromiso con su novio. Selena nada decía, toda ella se llenó de esos silencios sin razón que nos cubren alguna vez en la vida, lo suficientemente largo, para mantenerla junto a él.

Innumerables besos tuvieron de fondo el cielo español y de foro las ruinas del castillo de santa Marta.

Su boca entendió la humedad infinita de sus labios y lo erizado de su piel.

 Su lengua fue de él, sus manos conocieron el secreto de su epidermis, de su sinuoso y bello contorno corporal. También, ambos sintieron su temperatura, él su delgadez y su movimiento de pestañas y ella, su virilidad.

Sus turgentes senos temblaron al contacto de los labios y sus mentes alejadas de la razón, no pensaron en sus ropas tiradas en el suelo, ni en el ligero fresco del lugar, olvidándose de las posibles miradas de los turistas que visitaban las ruinas y que pudieran escudriñar el solitario recoveco en la montaña que habían encontrado para hacer el amor.

Se mantuvieron unidos un largo tiempo, mirándose a los ojos, en comunión por lo sucedido, separándose, solo cuando sintieron rebosar el alma y el cuerpo de amor, nada decían, no lo necesitaban y guardaron ese silencio, que es melodía para los enamorados.

Se sentaron un tiempo en un pedazo del muro centenario de piedra que yacía al lado de las brechas y escalones. Miraron el poblado sin hablar, solo abrazados y de cuando en vez sonreían y se besaban.

Las nubes que empezaban a cubrir el cielo, poco a poco se dispersaron para dar paso a los acordes de la música que llegaba desde lejos, allá abajo en la fiesta. En silencio deshilaron la unión y bajaron a un mundo real que estaba por cambiar sus destinos.

Cuando se acercaron a su hermana, ella se encontraba sentada en el cerco de tubos donde encierran a los caballos y su novio acariciaba un caballo dentro del corral, acompañado del dueño de ese hermoso ejemplar de losino que le ofrecían en venta. Selena entró al corral y pidió permiso para montarlo, y cuando se lo permitieron, lo hizo con tanta gracia y destreza que lo llevó a dar varias vueltas alrededor, como si siempre hubiera estado unida al animal.

Mateo la miraba embelesado.

Le hablaba y acariciaba las crines volteando a verlos con una amplia sonrisa y su rostro lleno de felicidad. En una vuelta, llama a Mateo para que la ayudara a bajar y cuando caminó hacia el animal, el losino se alejó a trote sin permitir que se le acercara ni un centímetro más, llevándola hasta el otro extremo del corral donde se encontraba su dueño, el cual le ayudó a bajarse.

Mateo quedó intrigado por lo ocurrido, y le comentó a Selena su sentir.

—Al parecer, el losino olió mi sangre y percibió el amor prohibido que siento por ti, que no dejó que me acercara—dijo él, volteando a ver al caballo, que no se movía y no dejaba de verlo.

—No lo sé —respondió, quizá olió la mía, que es española como la suya y sintió muchos celos.

—Estoy seguro que si —respondió Mateo, esa debe ser la sangre del losino natural de Castilla, si, eso es:

—¡Es su sangre! —¡todos los losinos son celosos! —exclamó.

Todos rieron, Selena y Mateo, se besaron, y mientras se retiraron del caballo, este, regresó a su docilidad y calma.

Mateo recordó lo que alguna vez le dijo alguien:

—No te le acerques tanto a ese caballo, porque anda enciscado, tiene la sangre hirviendo y el corazón entregado, —apuntó la conocedora del campo, de los tiempos y la vida: Su madre.

—Es que son de la zona este del desfiladero de Pancorbo, —dijo el novio de la hermana, porque si fueran del oeste, serían mucho más celosos.

Todos rieron.

Esos animales, aunque sean fáciles de amansar, tienen a flor de cuero su naturaleza libre, sin marca de sangre y hacen lo que quieren, sienten como quieren y aceptan al que quieren.

Un tiempo después, terminando las actividades, buscaron un lugar para comer.

A decir verdad, no buscaron mucho, porque al lado de los corrales y junto a las vías del tren, encontraron un café árabe improvisado e instalado para la ocasión; ahí comieron un sabroso panecillo con crema de sésamo, tahina y masala, acompañado con un rico y oloroso café árabe.

Cuando se cansaron de rondar por todo el lugar, decidieron regresar a la ciudad.

Selena le pidió que fuera con ellos, a lo que Mateo le respondió:

—Me encantaría, claro —pero me quedaré con Alberto, el amigo que vive en Bribiesca.

— ¿Lo recuerdas?, ya te platiqué de él.

—Si, lo recuerdo —contestó, sin insistir.

Los acompañó al auto, se despidieron y ella le besó en los labios.

—Chao, Mateo —le dijo Adèle.

—Adiós, nos vemos —gritó su novio.

Y tomaron el camino, rumbo a Miranda.

En el trayecto de vuelta, Mateo tomó el tren ya anocheciendo, recordando lo difícil que le fue negarse a venir con ellos, mintiendo sobre su amigo y Bribiesca, la verdad es que sentía una inmensa felicidad, y no quería que se fuera la oportunidad de disfrutarla a solas, sin distracción.

En la primera oportunidad que tuvo cuando se vieron, le contó de la mentira. No estaba en sus valores mentir y así lo hizo, quería enmendar su falta.

—Mentí porque sería un sufrimiento venir en el auto contigo, nada más mirándote —le dijo sonriendo, Selena lo abrazó y le dio un leve beso en los labios.

—o—

Un día, al salir del curso, Alberto le presentó a un compañero de maestría.

—Un gusto conocerte, dijo Mateo, —Alberto me habla seguido de ti.

—Mucho gusto —dijo, —también a mí ha comentado que aquí se conocieron, soy José Luis.

Alberto, toma de la mano a una joven guapa y sonriente que estaba a su lado y orgulloso dice:

—Te presento a mi novia.

—Mucho gusto de conocerla —contestó ofreciendo su mano.

—Me llamo Luisa, mucho gusto.

Igualmente. José Luis le presenta a Martina, su pareja.

—Vamos a Miranda —dijo, te acompañaremos en el tren.

—Vale —contestó Mateo y juntos, los cinco se encaminaron a la estación.

En el tren, sentado al lado de la ventanilla y viendo pasar los campos a gran velocidad Alberto le dice a Mateo:

—He tomado una gran decisión —me vendré a España para casarme con Luisa.

Se le quedó viendo y sorprendido le cuestiona.

—¿Cómo así? —tan de pronto, ¿y tu trabajo en México?

—Renunciaré y me regresaré, aquí hay opciones en Burgos.

—No me parece una buena decisión, pero si así lo deseas, mucha suerte para los dos, —le dijo, pasándole el brazo por la espalda y lo abrazó.

Al llegar a Miranda, los cinco caminaron por la ronda del ferrocarril hasta el parque Antonio Machado y ahí se separaron.

—Aquí nos quedamos —dijo José Luis, vamos con mi madre porque quiere conocer a Martina —apuntó, abrazándola y haciéndole un cariño en el trasero.

—Chao, nos vemos mañana —dijo despidiéndose de los cuatro y continuó caminando por la ronda del ferrocarril, como lo hacía a diario.

—Dos manzanas más y llegaré al café, me tomaré uno bien cargado y caliente —pensaba mientras se acercaba.

En su cabeza, sonaban las palabras que le dijo Alberto en el tren.

¿Cómo que dejaría la plaza en Guanajuato? ¿encontraría trabajo aquí en España? ¿le darán permiso para trabajar? ¿será una buena decisión?

—Seguro se enamoró —se dijo a sí mismo, casi al llegar al café.

Entró al restaurant y escogió la mesa que ya le pertenecía cuando no estaba ocupada y buscó a Nuria con la vista.

Sacó un libro que le facilitaron en la biblioteca de la escuela, lo puso sobre la mesa. Nuria se acercó sonriente como siempre, poniendo frente a él un oloroso café recién hecho.

—¿Cómo está ese chaval que se le ve el plumero cuando me mira? —dijo riéndose.

—¿Qué? ¿cuál, plumero?

—Tus intenciones joder, esas que se te miran a kilómetros.

—Mateo suelta una sonora carcajada y le pide la traducción completa de lo que había dicho.

—Aquí se dice "se te ve el plumero" cuando se nota alguna intención de algo —explicó —y a ti se ve que te gusto y tu intensión de echarte un polvo.

—Claro que sí, por eso te veo el trasero cuando puedo —pero sin intención de nada, —terminó diciéndole y sonriéndole de nuevo.

—Fuiste a la feria ¿verdad?

—Si fui, ¿cómo lo sabes?

—Te vi tratando de ayudar a tu novia a que bajara del losino.

—¿Deveras nos viste? y ¿por qué, no saludaste?

—No quisimos molestarlos, solo le dije a Morel que tu visitabas el café.

—No es mi novia —dijo Mateo, y recordando el saludo con el que lo recibió y le dice:

—Si, se me ve el plumero, ni modo de negarlo y si quiero que sea mi novia.

Nuria soltó de nuevo una carcajada y dice:

—A mí me das calabazas, joder —pero si tu no andas tan perdido, es muy hermosa esa tía.

—¿Verdad que sí?

—Aquí me dijeron que ya la trajiste.

—Sí, el otro día, pero no te miramos.

—También descanso chaval, —le dijo y volteó a la cocina que le habían pegado un grito.

—Al ratito paso por aquí —dijo retirándose.

A Mateo ya le estaba gustando llevar el hilo de la conversación porque le gustaba la dinámica que se daba entre ellos, miró a los lados y le dio la razón de no seguirla pues el lugar estaba a reventar y tenía que atender a los clientes.

Leyó un buen rato. Nuria lo veía y sonreía cada que le llenaba de nuevo la taza.

Se despidió de ella y al salir, se tomó un tiempo en decidir por donde irse.

Tomó rumbo a la calle Vitoria, llegó de pasada al cajero y continuó sin ganas de caminar mucho, hasta el piso.

Pasaban los días y a Selena, la veía casi a diario en la biblioteca, de ahí la acompañaba al Instituto, para después seguir con las caminatas nocturnas a la orilla del Ebro.

Mateo no volvió a preguntarle por su novio.

El siguiente sábado lo invitó.

—¿Vamos al cine a ver "Los puentes de Madison"?

—Vamos —contestó entusiasmado.

No se le había ocurrido ir, aunque varias veces vio el Cine Novedades cuando caminaba por la calle Real de Allende rumbo al rio.

Esa tarde de sábado, no pararon de divertirse, de sonreír y de comer pipocas de las que habían comprado sendas bolsas jumbo, acompañándolas con pan de vieja y refrescos.

Selena lo tomó de la mano y lo llevó a la segunda planta donde se acomodaron en un palco.

—Parecemos los reyes de España —dijo ella y sonrió.

—Solo nos faltan esos pequeños lentecitos con aumento que llevan los de la alta sociedad —contestó Mateo.

—Si no es ballet —le dijo sonriendo, —pero lo somos, afirmó, y por septuagésima vez se besaron festejando la ocurrencia.

Le comentó que solían asistir a ese cine de pequeña con su abuela, en compañía de su hermana, cuando venían de Barcelona de vacaciones con una tía aquí a Miranda, pero nunca se habían sentado en los palcos.

—Me gusta mucho estar aquí contigo —le susurró al oído.

—A veces mi hermana y yo, venimos para acordarnos de la abuela.

Salieron tarde y después de tomarse una nieve en la esquina de la ronda del ferrocarril con la calle Fidel García, en la nevería La mirandesa, a un lado del expendio de lotería y apuestas del estado, la dejó en su casa.

El martes de la siguiente semana, llegó más temprano que de costumbre del curso, esperó a Selena antes de que llegara a la biblioteca y no la dejó entrar, la invitó al café para hablar con ella y presentarle a Nuria, ya que el día que fueron no estaba, le dijo que, desde el inicio del curso, se había identificado con ella, que lo trataba muy bien y deseaba que se conocieran.

—Ella ya te conoce —dijo Mateo, te vio montando el losino el sábado.

—Que guay, —vamos pues.

La tomó de la mano y caminaron abrazados.

Ya en la cafetería, Mateo festejó cuando, entre ellas, se hablaron en francés.

—*Enchanté de te connaître* —le dice Nuria, a lo que Selena le contesta:

—*je dis la même chose* —y se rieron.

Les preguntó el significado de lo que hablaban, y cuando le traducen, les dijo:

—¡*Wow!*, me gustaría aprenderlo, se nota que es un idioma muy cálido como me dijo Selena.

—Bastante —apuntó Nuria y ambas rieron en complicidad.

Platicaron ocasionalmente pues había algo de gente esa tarde, y Nuria seguido era llamada a otras mesas, pero, aun así, lograron hablar entre ellas, y Mateo se sintió bien por eso, ya que había pensado en que pudieran ser amigas, le parecía que Nuria era una chica que emanaba confianza y sería buena compañía para Selena.

Fue al sanitario y de regreso se detuvo sorprendido, ocultándose detrás de un pilar.

Un hombre se encontraba sentado en su lugar, hablando fuerte y mirando fijamente a Selena, su sentido común le indicó de quién se trataba.

—¡Tienes que volver conmigo! —alcanzó a escuchar Mateo.

—Cámbiate a mi casa y que se venga Benoit de Francia con nosotros, pero vuelve... ¡te amo! —terminó suplicando.

Nuria estaba parada al lado de ella, cuidándola de alguna posible agresión y volteando repetidas veces hacia donde Mateo se ocultó.

El individuo hacía ademanes al aire y Selena, extrañamente tranquila lo escuchaba.

Algunos minutos estuvieron discutiendo, ella le recriminaba algo que no alcanzó a escuchar hasta donde estaba porque usaba un tono más bajo cuando le contestaba, Mateo por momentos tuvo la intención de aparecerse por ahí y parar la conversación, pero no lo hizo, dejó que terminaran de arreglar sus asuntos y solo se mantenía alerta por si subía de tono el encuentro y detener alguna posible falta de respeto mayor hacia Selena.

Un momento después, se escuchó más fuerte la voz de ella que la del individuo, Mateo se asomó.

—¡Joder, todo esto es cagarse en la puta contigo! —gritó—¡Vete a echar los kikis que quieras, conmigo no te quiero ya! —le dijo enojada.

—Te vas a arrepentir, ¡que te den morcilla! y nunca me busques, aunque me muera —terminó diciendo él y dando un manotazo a la mesa se paró.

Salió más que molesto, encabronado y azotó las puertas del negocio.

Mateo se acercó a la mesa, Nuria lo dejó llegar y se alejó para atender a otros clientes o para darles espacio a que platicaran.

—¿Quién era? —preguntó extrañado a medias.

—Sergio, mi novio —respondió molesta y agitada.

—¡Oh! —exclamó.

—¿Y porque salió?

—Porque estaba molesto, vino a decirme que quiere regresar conmigo y le dije que no quiero verlo más.

—Pero, ¿todo bien?

—Si, todo.

—Bien, entonces, —¿nos vamos? —dijo Mateo preocupado por la integridad física de Selena.

Salieron del café y Mateo inconscientemente volteó a ambos lados, pensando en una agresión, Selena también lo hizo discretamente. Se veía muy enojada todavía.

Tomaron la calle Real de Allende hasta el río y Mateo la invitó a sentarse.

—Mira, eso que sucede entre ustedes, no sé qué fin tenga por sí solo, pero yo te diré algo —dijo serenamente.

Selena lo miró extrañada e impaciente.

—Este tiempo que he estado a tu lado, desde que te conocí, me gustaste como mujer, pero a raíz de lo que hemos vivido, siento que te quiero.

Ella lo abrazó y le dio un beso.

—También te extraño cuando no te veo y te quiero— respondió.

—¿Qué me dices de ese tal Sergio? —¿seguirá siendo tu novio? —le preguntó dudando de la respuesta.

—Hablaré con él de nuevo, pero ya todo terminó —dijo decidida.

Mateo la besó tiernamente y ella se dejó llevar, recargando la cabeza en su pecho.

Siguieron pasando los días, la seguía viendo y hacía todo por que estuviera bien, la atendía en todo lo posible.

En ocasiones cuando regresaba a casa, empezaba a dar hilo al plan que estaba construyendo para su vida. Recordaba lo que Alberto le había dicho de venirse a España, y el continuaba pensando en que podría ser también un buen paso para su vida.

Se reía solo, porque pensaba que se había enamorado, pues sí, así fue, él también se enamoró, y esa semilla que dejó la plática en el tren, terminó por germinar.

También regresaría por Selena.

—Lo haré —se decía a sí mismo, —si ella quiere y me quiere.

Un día, lo invitó a conocer donde trabajaba.

Era un salón de belleza donde su hermana y ella eran empleadas, su hermana se dedicaba a manicurista y maquillaje, y Selena estaba de encargada, junto con otras dos muchachas de atender los cortes de pelo y tintes.

El ambiente se percibía tranquilo y con bastante clientela.

—Que agradable lugar —comentó él.

—Si, estamos bien aquí —contestó.

—o—

Dos meses y medio, después de que llegó a Miranda lo que tenía que pasar pasó, pronto regresaría a México.

Le dijo con tristeza que el curso terminaba.

—Lo sé —contestó, Selena —con el rostro apacible lo abrazó y le susurró al oído: —Te amo.

Mateo sintió un estremecimiento por todo su cuerpo y le correspondió emocionado, abrazándola y al besarla, trataron de unirse fuertemente como para no separarse.

Ella le dijo:

—Llévame a tu piso, —quiero estar contigo.

Mateo se sintió emocionado por la petición, por su franqueza y su disposición.

—Podemos ir mañana si puedes —dijo.

—Sí, mañana vamos —dijo ella sonriendo emocionada.

Mateo le dijo que la vería en la biblioteca.

—No, no vayas, —espérame en el piso, que quiero hacer algo inolvidable para que permanezca en tu mente y no me olvides.

Mateo asintió con la cabeza, —te espero ahí a las diez.

—¿Está bien?

—Sí, —le respondió, ahí estaré.

Al día siguiente, Mateo se bañó del perfume que días antes le había regalado ella, un aroma que no conocía.

"Houbigant Fougère Royale", que tenía un ligero olor a lavanda, madera y musgo.

—¡Que rico huele! —pensó.

Ya listo, cambiado y oloroso, la esperó a la entrada, frente al espejo y volteando hacia ambos lados de la acera, porque sentía que el novio la podría seguir y no quería sorpresas.

—Si la siguió hasta el café, que le cuesta también seguirla ahora, —reflexionaba, en estado de alerta.

Sabía que había hablado con él, sabía que la seguía, así que era mejor tener cuidado, no sabía si vivía cerca o no había aceptado separarse.

La muchacha que atendía en la Tolosa, el negocio de al lado, salió en dos ocasiones al verlo parado en la entrada, se le hizo sospechoso porque nunca lo vio ahí, esperando a alguien. Lo conocía desde que llegó al piso, lo había visto en varias ocasiones. Pensó que necesitaba ayuda.

Cuando Selena llegó, Mateo no pudo contenerse y exclamó:

—¡Dios mío! estás preciosa —exclamó impresionado.

—Gracias chaval, y usted muy guapo —le contestó agradeciendo el piropo.

Le dio un beso en la mejilla, la abrazó, la invitó a pasar al recibidor, la observó directamente a su rostro, lo sostuvo entre sus manos y sin prisa, le dijo:

—Esto que vamos hacer, sucederá porque ambos lo deseamos —sonrió y ella se acercó más a él, Mateo aprovechó para desabrocharle los tres primeros botones de la blusa.

—Lo sé y me encanta —dijo.

Sus tersos pechos se asomaban formando un precioso canalito, la falda de tubo que llevaba le llegaba hasta la rodilla, dejando ver sus piernas.

Deslizando sus manos por el contorno de su cuerpo, le jalo la falda desde el olán hasta la cintura y la acarició por detrás sintiendo cada trozo de piel hasta llegar a sus hermosas nalgas. Nunca dejó de besarla y siguió tocando su espalda lentamente, dando tiempo a que sus dedos memorizaran cada lugar, cada trozo de piel.

Al ver sus ojos, le dio un poco de temor porque Selena estaba en su etapa de amante total.

—¿No dices nada? ¿hay algo que no te guste de mí? —susurró Mateo y ella con voz balbuceante dijo:

—¡Carajo, me encantas, joder! —y que se ponga a llorar mi exnovio que hoy haré lo que le duele tanto, y lo haré mil veces más —-dijo bajando sus manos para desabrochar la braqueta del pantalón de Mateo, acción que provocó la explosión de un orgasmo tántrico que había iniciado desde que subían los escalones, elevando su espíritu al cielo que instantáneamente se cubrió de chispas multicolores y fuegos artificiales.

Mateo desató la pañoleta que anudaba su pelo y poco a poco le quitó toda la ropa, dejando su cuerpo a merced de sus asombrados ojos y desesperada virilidad.

Empezó a besar su cuello mientras apretaba fuertemente sus pechos, la llevó a la cama donde todo fue cambiar de uno a otro esa esencia vital que mueve al mundo y preserva la humanidad.

Hicieron el amor interminablemente, hasta que se abandonaron a un descanso solicitado por sus cuerpos.

Mateo se levantó de la cama y se bañó, regresó al lado de Selena.

Era una mujer atractiva con piernas largas, trasero parado y redondo, temperamental, graciosa y cariñosa, con un empuje comprometido, a vivir con valor las vicisitudes de la vida.

Todo eso que veía en ella, llevó a Mateo a definir la decisión que venía creciendo en su mente desde que platicó con Alberto.

—¿Te bañaras? —preguntó Mateo.

—No —contestó, sonriendo traviesa.

—Quiero tenerte dentro de mí, más tiempo.

Él sonrió.

Salieron del piso abrazados y satisfechos de la tarde romántica que acababan de vivir, dirigiéndose a ningún lugar.

Mateo le había adelantado que quería platicar de algo muy importante.

La tarde se prestó para que hicieran lo que quisieran, cooperando con no ponerse muy fría ni nublada.

Octubre es un mes donde el tiempo en Miranda de Ebro, la temperatura baja hasta los doce grados y esa noche parecía que estaba como a diez y seis grados.

—Buen clima le comentó a Selena.

—Sí, así lo dejamos —contestó riéndose alegremente.

Se habían abrigado, y primero caminaron sin rumbo fijo, pero después sus pasos los llevaron a solo tres manzanas del piso.

Entraron al Del Real.

Saludaron a Nuria y pronto los acomodó cerca de la mesa que acostumbraba.

—¿Desean comer algo más? —cuestionó perspicaz, viendo a Selena. Ella sonrió en comunión, alcanzando a descifrar lo agudo de la pregunta.

Volteó a ver a Mateo y tomándole la mano le indica que el pida.

—Dos cafés y un omelette español con champiñones— ordenó.

Cuando Nuria se fue a entregar la comanda, Mateo empezó a decir:

—Selena, quiero decirte que te amo y quiero estar a tu lado siempre.

—¿Qué quieres decir?

—Te digo que voy a regresar a México, trabajaré solo un año más y regresaré para casarme contigo, creo que ese tiempo es suficiente para definir tu amor por Sergio y por mí, si deseas estar con él, me lo haces saber, para no regresar.

—¿Qué piensas de eso? —le cuestionó ansioso.

Selena le apretó la mano que sostenía y le dice enamorada:

—Claro que quiero casarme contigo, y no para que me hagas olvidarlo, sino porque te quiero y necesito.

Se besaron frente a Nuria que en ese momento ponía sendas tazas de humeante café.

Los vio y sonrió.

—¡Que wuay que te fuiste a tomar por culo al cabrón ese del otro día! —dijo dirigiéndose a Selena.

Sonrió por la ocurrencia de Nuria y le dijo:

—Mateo me mola como hombre y nos vamos a casar.

—¿Cómo así? —cuestionó con cara de asombro.

—¿Se te fue la pinza? —dijo carcajeándose.

Sonrieron ambas y Mateo sin comprender al cien la conversación, también sonrió.

—No quiero que sientas angustia ni el dolor que tienes ahora por el rompimiento con tu novio, —le dijo viéndola de frente, te conozco y creo que vales mucho, eres fuerte y según me has contado sales bien de tus problemas, —recalcó, pero si sientes amor o dolor por esa relación truncada, lo comprendo, vívelo. Mateo calló un momento.

—Es sabido que amar duele, pero recuerda que vendré contigo y estaré siempre a tu lado—

—Si amor, quiero estar a tu lado y te esperaré —comentó con ilusión —a tu lado todo es risas, amor, comprensión y te admiro por todo lo que eres.

—Felicidades por los dos —deseó Nuria, acudiendo al llamado de la cocina, esa cocina que siempre los interrumpía.

1990

Selena, lo esperaba impaciente y emocionada esa tarde que llegó con una pertinaz lluvia, que sin ser fuerte, cumplía el pronóstico anunciado por el departamento meteorológico, para Miranda de Ebro.

Mateo regresaba desde México para casarse y se habían citado para el reencuentro en la cafetería Del Real, donde habían vivido muchas alegrías y ella, en ese lugar, le había preparado una bienvenida.

Mientras, esperaba, recordaba…

Un año atrás visitaban ese café las tardes de otoño; después de salir de la clase de francés, mostrando su evidente felicidad y alimentando constantemente esa atracción que había nacido entre ellos desde que se conocieron, arreglándose hermosamente bella para corresponder a su corazón que lo sentía joven y enamorado; él regresaba atareado del pesado curso de maestría que pronto terminaría, haciéndole saber que notaba el cambio en ella y cubría de elogios su hermosura, la besaba constantemente y le decía al oído que la amaba. Selena había deshecho las cadenas que la unían a su novio poniendo la honestidad por delante al decirle de su sentir, y él, aunque lo aceptó nunca se le miró totalmente convencido. Ella nunca lo olvidó. Fue su gran amor.

Selena y Mateo pasaban horas conversando de todo, y más veces fueron las preguntas del cómo era México que ella le hacía, que de dónde venía su familia.

Siempre fue muy curiosa, avispada y mostraba interés en conocer el país que decía empezar a amar.

En uno de esos paseos y placenteras tardes de café, él le comunicó que había decidido trabajar solo un año más en México, porque había decidido continuar su amor y casarse, haciéndole la promesa de regresar a ella. Con eso en mente y emocionados, se dedicaron a seguir viviendo esa aventura de otoño como si fueran adolescentes el tiempo que faltaba para terminar el curso.

—Chaval, ¿cómo así que te casarás conmigo? le había dicho, abrazándolo y diciéndole al oído que si lo esperaría.

—¡Cómo no recordarlo! Si solo fue un año de espera, aunque interminable —se dijo para sí, levantando la vista que había mantenido sobre la humeante taza de café, mirando impaciente hacia la puerta, esperando su regreso.

Durante el año que estuvo Mateo en México, no dejaron de comunicarse y reafirmaban cada vez su compromiso.

Arregló sus cosas en su tierra natal y marchó a ese nuevo mundo, a esa nueva vida que deseaba y esperaba fuera maravillosa.

Mateo se acababa de bajar del tren que recién llegó de Madrid, Biel, el esposo de Adèle fue por él a la estación con un letrero con el nombre de Mateo, que cuando llegó el avión, levantó delante de la gente para avisarle que iba por él. Cuando llegó, se abrazaron, lo llevó al piso donde vivían: Selena, Adèle, su hija y su esposo, a dejar el equipaje, se detuvieron en una florería y llegaron al café, donde estaba también Morel, el esposo de Nuria.

Cuando Mateo apareció en la puerta, Biel caminaba detrás de él con el enorme ramo de rosas.

Selena se levantó de la mesa emocionada, se abrazaron y besaron frente a todos los comensales, que, al verlos, empezaron a aplaudir y vivir ese momento de romance. Su hermana Adèle lo abrazó también

—¡Regresaste amor! —exclamó ilusionada.

—¡Para nunca más dejarte, amor mío! —respondió Mateo.

Nuria los felicitó y lo abrazó contenta.

Nuria y Selena, habían hecho migas ese año que él estuvo ausente y solían pasar tiempo platicando, incluso, habían quedado de que ella sería una de los testigos.

Tenía su café servido, su pan favorito y ambas mujeres

habían dispuesto un letrero de bienvenida, colgado de lado a lado, en la ventana por la parte de adentro de la cafetería.

La reunión estuvo cargada de emociones, risas, abrazos y una comida estupenda pedida de manera particular por Nuria y Selena.

Se despidieron de Nuria y su esposo, agradeciendo las atenciones y todos se fueron al piso a seguir la velada.

Al tiempo, consiguió trabajo en un colegio particular.

A Benoit se lo llevaron a vivir con ellos, por la razón de que sus tíos ya no podían hacerse cargo de él. Tenía un año de estar postrado en una silla de ruedas a consecuencia de un accidente en motocicleta.

Ellos nunca le habían permitido tener una por lo peligroso que era conducirla, tampoco lo dejaban manejar auto por el mismo motivo. Un vecino le prestó de manera inconsciente e irresponsable una "honda" y dejó que Benoit la condujera y al hacerlo, sufrió una convulsión, estrellándose con un auto estacionado.

Fue atendido en urgencias y nada pudieron hacer, tenía una lesión en la espina dorsal, que lo dejó incapaz de mover las extremidades inferiores.

La vida con Selena y Mateo fue difícil, pero la pudieron sobrellevar, Benoit se sentía contento, y atendido.

Los medicamentos le ayudaban a detener las convulsiones y nunca le faltaron, sobre todo los anestésicos derivados de morfina que utilizaba para los fuertes dolores de columna.

Selena estaba encantada con atenderlo, y en ocasiones se las veía en apuros por el cuidado, ya que tenía que llevarlo al salón de estética.

Tres años después, una fuerte depresión y crisis de humor, lo llevó a dejar de comer, su carácter cambió a tal grado, que agredía verbalmente a su hermana, llegó a golpearse solo, gritando que quería morir, que estaba cansado. Vivía esa vida con el alma envenenada y según él, era una maldición de Dios y de su tía, que siempre le dijo que la maldad estaba en la sangre de la familia.

Eso hacía sufrir a Selena. Mateo vivía ese sufrimiento junto a ella, amorosamente.

Duraba días sin comer y de un momento a otro comía de todo y de manera ansiosa, estilo de vida que lo llevó a dormirse una noche y ya no despertar.

Murió de un paro cardiaco.

Selena nunca se repuso de la pérdida.

La hermana de Selena, se cambió a Burgos con Biel su esposo donde consiguió trabajo en la escuela de pilotos de aviación en el área de mantenimiento, y al tiempo, nació su segundo hijo.

Se visitaban en navidades.

Antes de que Benoit falleciera, en unas vacaciones de verano, fueron juntos a Jávea.

Supieron de ese hermoso lugar bañado por las aguas del mediterráneo, cuando José Luis les platicó de él, y fue eso lo que los motivó a ir. Contó de lo maravilloso que se la había pasado y hasta les dijo que visitó una playa nudista.

Jávea, es un municipio de la comunidad valenciana al norte de la provincia de Alicante. y disfrutaron mucho, sobre todo el paseo en bicicleta por las faldas del Montgó, que es la cumbre más destacable y visual del lugar, muy alto y alcanza los 750 m. de alto.

Intentaron ir a la playa que les dijo José Luis, pero no pudieron acceder, porque tenían que bajar al lugar, por unas empinadas escaleras, y con Benoit no se pudo.

—Después si se puede vendremos —le susurró al oído, Mateo a Selena.

Selena continuó trabajando en la estética, y cuando Aurora, la propietaria decidió cerrar el local, le dijo:

—Selena, mi esposo heredó de su madre una propiedad en Madrid y quiere que nos mudemos allá.

—¿Te gustaría quedarte con el negocio?

—Claro que me gustaría, le diré a Mateo si puede apoyarme, mañana le confirmo.

—Si, espero tu respuesta —contestó.

Mateo como siempre, le dijo que si, que contara con él para los gastos del traspaso.

Selena y Mateo no tuvieron hijos, ella le había dicho de su miedo a tener uno y que pudiera heredar la enfermedad que aquejaba a la familia, él lo comprendió y así lo decidieron.

Sergio su exnovio intentó reconciliarse, siempre recibiendo la negativa de Selena, sabía de qué tenía un compromiso, pero no lo aceptaba, y llegó el momento de tener que amenazarlo con denunciar penalmente su acoso y solamente así dejó de molestarla.

Según supieron después, se casó en Miranda de Ebro y vivía ahí mismo.

Lo vieron algunas veces más, pero ya no la molestaba.

CAPITULO IV

2014

Selena a sus cuarenta y nueve años continuaba trabajando de estilista, tenía 24 años de casada y su vida había estado cubierta de amor.

Trabajaban con ella dos muchachas que se repartían los cortes, los tintes y el diseño de uñas, lo hacían mediante la programación de citas.

Diariamente acudía a su negocio, esperaba que Mateo saliera del colegio donde trabajaba, llegaba por ella y cerraban la estética.

Un sábado, en ausencia de una empleada, apoyó el trabajo con las personas citadas para cumplir el compromiso de atenderlas.

Ya lo había hecho anteriormente, y realizaba el trabajo sin contratiempo, pero en esa ocasión, no fue así.

Aplicando un tinte, soltó el tubo de pintura que utilizaba, rodó por la sabana que cubría a la clienta, manchando su vestido. Selena se quedó inmóvil y absorta, con la mirada fija en el espejo sin parpadear.

—¿Le sucede algo señora? —preguntó preocupada su compañera

—¿Qué tienes? —le dijo la clienta que atendía.

—Nada, nada, no tengo nada —contestó titubeando, con una mirada extraña.

—¿Por qué?

La clienta y la empleada cruzaron miradas de extrañeza y voltearon con Selena, que dejando el trabajo se fue al baño, no se molestó en cerrar la puerta, se mojó un poco el rostro, buscó el cepillo de dientes que tenía en la repisa y se dedicó a frotarlos sin pasta, pero con una fuerza inusual y mirándose al espejo.

Al terminar de hacerlo, se puso agua en el cabello, se pasó la mano a manera de alisarlo y al darse vuelta para salir, se encontró a la clienta y la empleada que la observaban sin entender su comportamiento y le cerraban el paso.

Solo sonrió.

Volteó al espejo y se miró de nuevo, se jaló un poco los párpados hacia afuera dándose un masaje leve, se acomodó el pantalón que tenía acomodado, levantó un poco la pierna izquierda, se buscó algo en el pie, se da una palmadita en las caderas y salió del baño.

Saludó a la clienta, que con el cabello a medio pintar, se acomodaba en la silla para que continuara con el trabajo.

Selena, sin decir nada, no se detuvo y siguió hasta el banco alto que se encontraba detrás del mostrador, donde acostumbraba sentarse, abrió la caja registradora, revisó el contenido, volteó a mirar a la empleada que había continuado con un corte, sonríe con la clienta que le aplicaba la pintura, y le dice la cantidad que debe.

—Señora, le falta la pintura a mi cabello, no ha terminado.

—La empleada, adelantándose a alguna respuesta de Selena, le dice que ella lo terminará.

—No se preocupe —ahorita la atiendo.

Buscó algo bajo del mostrador, y luego abre un cajoncito de donde sacó una revista de crucigramas y se puso a resolver los ejercicios.

Mientras, la empleada hace el trabajo, que no terminó.

Cuando las clientas se van, Selena le dice a la empleada que puede retirarse, ella toma sus cosas, se despide y sale.

Selena cerró la puerta con llave y se quedó pensativa dentro del local

Su mente estaba cubierta por una nube de interrogación, las preguntas que le hicieron la clienta y la empleada, la tenían pensativa y preocupada.

No recordaba nada y no encontraba la razón del porqué la cuestionaban si se sentía bien.

Mateo no regresaría por ella hasta las cinco, y aún faltaba una hora, así que sacó un libro escrito en francés, guardó la revista de crucigramas y comenzó a leer.

Mateo la encontró llorando.

—¿Qué sucede amor?

Ella no contestó.

Se le quedó viendo, le tomó el rostro entre sus manos y le dio un beso. Extrañado un poco por la no respuesta de su mujer, le tomó la mano ayudándole a salir, y después de bajar la cortina metálica, se dirigieron al auto.

Mateo le platicó que había encontrado las pinturas que le había encargado traer del almacén y en el camino llegó a la tienda del tapicero por las cosas que necesitaba para decorar los sillones de la sala.

Ella pensativa no hablaba, solo lo veía entrecerrando los ojos.

Mateo notó diferente a Selena.

Mirando que lo que decía no funcionaba para motivarla a conversar, le preguntó:

—¿Porqué, estabas llorando cuando llegué por ti?

—Amor, algo pasó en la estética que no recuerdo, pero Lidia me lo dijo.

—¿Cómo así? —cuestionó intrigado.

—Se me soltó un tubo de pintura que tenía en las manos, y no recuerdo que sucedió después.

Mateo le tomó la mano y siguió conduciendo a casa.

—¿Me estará dando el Alzheimer? —le preguntó preocupada.

—No creo que eso sea, amor, ¿te apetece algo?

¿Una nieve? ¿un café?

—Ahorita no amor, vayamos a casa mejor.

No volvió a pronunciar palabra alguna en todo el camino.

Ese fin de semana descansaron, y no volvieron a hablar del tema, vieron películas y comieron en casa.

Selena habló con su hermana y Mateo pasó la mayor parte del tiempo escribiendo.

Escribía desde joven y soñaba con terminar un libro que tenía en mente.

Decidió traer comida en la noche y todo el domingo que pasaron descansando, no quiso que su mujer cocinara.

Ella, continuó trabajando en el rompecabezas que tenía en la mesa de centro, llevaba armado más de la mitad de las 500 piezas, pero al cabo de un rato desistió de seguir.

Algo más le preocupaba, y sentía que esa actividad había pasado a segundo término.

Los armaba ansiosamente desde que leyó un reportaje sobre el Alzheimer, en donde decía que tenía ciertos beneficios armarlos y lo mismo se mencionaba de llenar crucigramas.

Le daba mucho miedo padecerlo.

—Es más oscuro el presente inmediato, que el vago futuro circunstancial —se dijo a sí misma al estar sentada frente a la mesita, con la intención de seguir, pero ya no le interesó de momento.

En ocasiones tomaba la caja que contenía las piezas y veía la tapa, y ese día también lo hizo.

Era una hermosa fotografía de Machu-Pichu, lugar que siempre había soñado visitar. No sabía que extraña obsesión tenía por ir, pero lo mismo le sucedía a Mateo que también quería conocer esa enigmática cultura.

—Quizá ni pueda ir ya —se dijo en silencio, con un vago dejo de desilusión, volteando a mirar a su esposo para corroborar que no la veía—

En la noche, antes de acostarse, Mateo le dice:

—Cariño, mañana haremos cita con un neurólogo.

Selena empezó a sollozar cubriéndose el rostro con las manos.

—Estoy asustada amor —le contestó, no sé qué me pasa.

—Tranquila amor, todo estará bien.

La abrazó.

El recuerdo pesado y nebuloso de la muerte de su padre y la de su hermano, se apareció de nuevo para oscurecer el futuro de la pareja qué hasta ese día, habían llevado una vida matrimonial estable y feliz.

Se levantaron temprano y se alistaron para desayunar, pero, antes de hacerlo Mateo le dice:

—Amor, hoy no cocines aquí, te voy a llevar a desayunar a un restaurante catalán que he visto por ahí, es pequeño, pero dicen que cocinan sabroso y de ahí, te llevo a tu trabajo—

—¿Qué dices?

—¡No me toques las palmas que me conozco chaval! —respondió sonriendo.

A Mateo se le iluminó el alma al tener de nuevo a esa hermosa mujer, igual de ocurrente, grosera y alegre de siempre; la abrazó, la besó y salieron rumbo a ese restaurantito pequeño que conocerían por primera vez.

Ya había aprendido a reconocer las tantas maneras que tenía Selena, de hacerle saber que lo amaba.

Pidieron *"Pa amb Tomàquet"* y café.

Desayunaron como si no tuvieran actividades que realizar.

Al parecer no querían separarse. Ambos estaban preocupados.

No lo querían afrontar, pero era necesario, tenían que poner cita para atender a Selena y descartar la posibilidad de que la epilepsia apareciera en la recta final de su vida.

No tenía mucha edad —solo 48— se sentía bien y nunca fue de mala salud, era feliz, tenía planeada una vida sencilla y tranquila en la puerta de la jubilación de Mateo.

—¡Y yo preocupada de que el Alzheimer apareciera en mi vida!

—se reclamaba en silencio.

No quería preocuparlo.

—Amor, vamos que tenemos que hacer la cita —dijo Mateo, sacando a Selena de sus pensamientos.

Se levantaron a pagar la cuenta y al salir, se encuentran de frente a Sergio su exnovio, acompañado de la esposa.

Él se le quedó mirando fijamente y ella volteó la mirada. Se saludaron superficialmente y continuaron su camino.

—Se ven felices —comentó Mateo, cuando caminaban al coche.

—Sí, eso parece —contestó ella sin emoción.

—¿Lo quieres aún? —preguntó

No obtuvo respuesta.

Cuando dejó a Selena en el salón, le dijo que le avisaría.

—Está bien —respondió, espero tu llamada, te quiero.

Después de un tiempo corto, le llamó.

—Amor, voy por ti a las tres, para llevarte a la cita que es a las cuatro. —Sí amor, estaré lista.

Eran las dos y media y Selena comenzó a sentirse inquieta, sin lograr tranquilizarse.

Dejó a la encargada al pendiente del negocio, con la indicación de que cerrara si no regresaba a tiempo.

Entraron al consultorio, le abrieron expediente y después de hacerle algunos exámenes básicos, les dio una orden para realizarse un examen de sangre y un EEG con el neurólogo.

Por la mañana, acudieron al laboratorio y por la tarde vieron al neurólogo.

Durante este examen, el médico le evaluó su comportamiento, sus movimientos y función mental.

A pregunta del especialista, Selena le describió lo que le había pasado, según lo dicho por su clienta y su compañera de trabajo. Ella solo comentó lo que recordaba, soltar el tubo de pintura sin motivo aparente y los movimientos que realizó en el baño.

—Depende de los resultados, quizá sea necesario realizarle una prueba genética —le explicó el doctor.

Le realizó el EEG y la citó para el siguiente día.

Tampoco ese día fue a cerrar el local, se fueron a casa.

Mateo veía a su mujer y trataba de proponer situaciones que le hicieran la espera de veinticuatro horas menos tensas.

Al día siguiente a la hora indicada estaban en el consultorio del especialista.

Les entregaron el resultado del EEG y la enviaron con el genetista.

—¿Sabes de algún doctor especialista?

—Sí, a él vamos a consultar.

Selena se había adelantado y le había preguntado a una clienta de años por la especialidad de su esposo, ella le dijo que era cardiólogo, pero en la clínica que atendía, había varias especialidades y uno de ellos tenía esa especialidad.

En ocasiones se quedaba en silencio, recordando cuando leía en la biblioteca:

Genetista, en el área de la Biomedicina, se dedican a usar sus conocimientos en genética para poder diagnosticar y en el mejor de los casos tratar enfermedades genéticas hereditarias.

Lo intuía.

A su padre, ese padecimiento le quitó la vida.

El genetista le realizó los estudios pertinentes y les dio el diagnóstico.

—Lo más seguro, es que también a mí —pensó.

2018

ateo llegó a Lodosa. Venía de la reunión con los amigos desde Logroño, se acercó a una tienda de juguetes que seguido frecuentaba y pidió un rompecabezas, donde el reto era armar la imagen de un hermoso ejemplar de losino, —uno de mil piezas— pensó, sería buena motivación, se encaminó una manzana hacia el rio y compró un gran ramo de rosas rojas para demostrarle su amor, como lo había hecho tantas veces a lo largo de su vida matrimonial.

Selena, en esa ocasión tampoco quiso acompañarlo.

Si mal no recordaba, solamente en tres ocasiones lo había hecho.

Estacionó su auto en el lugar dispuesto para ellos en el sótano de los departamentos donde vivían.

Respiró profundamente varias veces y recargo su frente en el volante.

Siempre guardó en su pecho una duda, que algunas veces, a lo largo de su vida de casado, se había cuestionado.

—¿Me amará?

La mayor parte del tiempo no dudaba, y solo en ocasiones cuando la conversación, el recuerdo, o un encuentro

con Sergio, le disparaba ese dardo doloroso y envenenado a su corazón, dirigiendo esa duda para con Selena, pero sin decirle nada.

Nunca le habló mal de él, ni fue motivo para enojarse con ella, todo quedó ahí dentro y no deseaba dañarla nunca.

Recordaba lo que alguna vez su madre le había dicho, respecto al amor.

—Si sientes amor, ama y no pierdas tiempo en disfrutar ese hermoso sentimiento, no pidas lo mismo de tu compañera porque puedes desilusionarte y ese no es el caso. No cambies tu amor por dolor hijo.

Ese consejo siempre lo había tenido presente y era un freno para su desasosiego, que como humano, formaba parte de sus creencias y comportamientos.

Por el amor que sentía por Selena, siempre lo ocultó, nunca le dijo nada para no remover recuerdos, que interfirieran en su matrimonio.

Sabía que cuando la conoció, ella amaba a Sergio, pero se enamoró tanto de Selena que se dejó llevar por lo que su corazón le indicaba y pasó por alto esa situación, sabía conscientemente, de la posibilidad que siguiera amándolo.

Ella le decía que lo amaba y le quería creer, le demostraba que así era, pero el corazón de Mateo no dudaba, la que si lo hacía era su mente.

Mil veces repasaba en silencio los acontecimientos que se dieron cuando se conocieron y los años que han estado juntos.

Él era un soñador de siempre, la conoció cuando se encontraba solo y dolido por una relación de pareja cuando llegó a España, de hecho, esa fue una de las razones de aceptar el intercambio y realizar la maestría en ese lugar.

Ella vivía situaciones familiares que le hacían daño, que le preocupaban, y su relación con Sergio era de varios años, se encontraba deteriorada por cuestiones ajenas a su amor, quizá, un poco tensas por la personalidad posesiva de él.

Esos desatinos modificaron sus comportamientos, incluso se agredieron verbalmente, pero quizá su corazón no lo olvidó., y probablemente nada había cambiado su amor por él. Mateo nunca pensó en las consecuencias de amar a una persona con pareja, probablemente debió pensar que ese tipo de relación, al pasar el tiempo, podría perjudicarle.

Cuando inició su relación, nunca sintió que le afectara de manera negativa, no necesitaba saber más. Ella lo amaba.

—No puedo decir que nunca amara a otro hombre más que a mí —se decía—además, nunca me lo ocultó, y pienso que también puede amarme.

Siempre vio a Selena feliz a su lado y habían tenido un matrimonio estable, gratificante y cálido.

Mateo nunca sintió dolor, excepto cuando murió su hermano y cuando le diagnosticaron la epilepsia a su esposa. En esas ocasiones, el dolor que ella sufrió, también a él lo hizo llorar.

En su relación de pareja, no se le dificultó serle fiel, y nunca le causó dolor alguno ni le reprochó nada por esa razón. Tampoco pensó en que ella le hubiera sido infiel, la amaba y nunca dudó.

Un auto llegó a estacionarse junto al suyo y el ruido del motor le sacó de sus pensamientos, como diciéndole que tenía que actuar, no podía quedarse ahí en el auto, indefinidamente.

Mateo intentó bajar en dos ocasiones, pero en el último minuto se detenía; luchaba en su interior por un desatino magnético de la brújula que guiaba sus valores. Nunca le había mentido y menos le había ocultado nada.

—Necesito decirle —se repetía, y sufría por el dolor que le causaría.

Finalmente bajó y se encaminó a la entrada llevando el rompecabezas y el ramo de rosas.

Selena lo esperaba abrigada, sonriente y amorosa.

—Hola amor, ¿cómo te fue esta vez con tu pandilla?

Le entregó las rosas rojas y ella, se las acercó a la nariz, volteando a verlo con agradecimiento y lo besó.

—Gracias cariño.

—Muy bien, amor, te mandan saludos y desean que estés bien.

—Hay estos chavales nunca me decepcionan, pues saben que todo va de mal en peor.

Mateo la abrazó y le dijo que la amaba, dejó el rompecabezas en la mesita dispuesta para ese pasatiempo y le puso un trozo de madera a la chimenea que emanaba un agradable calor.

Ella buscó un florero, le tiró las rosas semi marchitas y colocó las frescas. Le ofreció café, que no aceptó, ya traía mucho en su organismo.

—¿Cómo te sentiste hoy? —le dijo al oído, abrazándola.

—No muy bien, tiré algunas cosas de la cocina, pero por lo demás, bien —aseguró.

—¿Le seguiste al rompecabezas?

—Amor, ¡eso ya siento que está hecho un coño de Bernarda!

—Mateo sonrió, y pacientemente le contesta:

—Ya verás que este que te he traído, te será más fácil.

Selena asintió.

La debilidad en los miembros superiores que le había surgido de pronto con más celeridad, la llevaba a dejar caer de las manos todo lo que quería manipular, incluso cuando lograba sostener algo, de un momento a otro no recordaba la intención del porqué lo traía en las manos, por esa razón, había dejado de trabajar de manera definitiva.

Convulsiones severas solo le habían dado en dos ocasiones y tampoco recordaba donde, aunque Mateo le platicara como sucedió, ella una y otra vez se lo pedía, no lograba recordarlo. Quería traerlo a su pensamiento para aminorar el temor que siempre tuvo de perder la memoria y, a fuerza de intentarlo poco a poco su angustia crecía y su mente se bloqueaba más.

—¿Te gustaría ir de vacaciones a Jávea de nuevo? —le había sugerido Mateo unos dos meses antes.

—No, amor —contestó con un dejo de tristeza.

Selena tenía tiempo que se afligía por cualquier cosa, no entendía porque le sucedía y luchaba por salir adelante. Siempre fue una mujer de carácter luchón, solo su buen corazón, hacía que se doblara ante alguna circunstancia que aquejara, o doliera a su familia y amigos.

Sufría mucho cuando veía a su hermano inmóvil en su silla, pero nunca sintió que fuera una carga porque lo amaba, y trataba de darle la mejor de las atenciones.

Mateo la apoyaba en todo lo necesario para que no le faltara nada, quería a su cuñado y aprendía francés con él.

Recordar momentos felices al lado de su marido le alegraban el corazón, y le motivaban a sacar fuerzas para salir adelante lo mejor posible. Solía ver una y otra vez la enorme cantidad de fotografías donde aparecían felices y disfrutando la vida en los veintiocho años de vida juntos.

Mateo, viendo a su esposa, dudaba en platicarle la noticia.

Tenía que decirle, no podía esperar más —se decía y se animaba.

La abrazó decidido y la llevó al sofá que más le gustaba.

—Cariño, empezó diciendo, Alberto me contó una noticia acerca de Sergio.

Ella levantó la vista que tenía fija sobre la reproducción de la piedad de Miguel Ángel, lo miró extrañada y deseosa de saber.

*Seguido recordaba cuando fueron a Roma y visitaron la Basí-
lica de San Pedro.*

*Entraron y se dirigieron a la primera capilla que está a la
derecha, entre la Puerta Sagrada y el Altar de San Sebas-
tián, siguiendo al guía que los llevaba.*

*—¡Qué belleza, amor! —le dijo, cuando vio la impresionan-
te obra en mármol de Carrara de 1.95 metros de altura, dentro del panel transparente que la protege.*

Permanecieron alrededor de dos horas en ese tour por el lugar.

*Al salir de la Basílica, Mateo le compró esa reproducción de
.30 centímetros de altura, en un mercadito adyacente a la plaza.*

—¿Qué te dijo?

—Que Sergio ha muerto.

Ella regresó la vista a la estatuilla y se quedó en silencio.

Mateo la abrazó y permaneció sin pronunciar palabra
alguna, esperaría a que ella lo hiciera.

Se levantó y se sirvió un vaso con agua en la cocina, y al
regresar Selena lo miró fijamente, siguiéndolo en el trayecto hasta que se sentó junto a ella.

—¿Qué le sucedió?

—Se dio un tiro. —dijo sin más.

Selena arqueó las cejas, se tocó la frente y movió la cabeza en repetidas ocasiones como negando lo que acababa de escuchar y bajó la vista a ningún lado.

Volteó a verlo con cierta melancolía, quizá procedente del recuerdo de lo que pudo ser y no fue, o de algo escuchado que podía suceder y así fue.

Mateo la veía amorosamente, pero no supo lo que ella pensaba. No lo preguntó, ni ella lo dijo.

Selena regresó la vista hacia ningún lado.

Mateo, le miró con amor y dolor. Lo que le causara dolor a ella, siempre le entristecería el alma.

Por esa razón dudaba en decírselo, —mejor se lo diré yo — pensó, y que no lo escuche por cualquier otra persona.

Y lo hizo.

La segunda parte de lo que le dijo Alberto, también tenía que decirlo.

Mateo pensó, que le mejoraba el alma y quizá, la de ella también mejoraría, ya que las malas decisiones y actos de las personas que amas, pueden llevarte a sentir cierto rechazo hacia ellas, y te puede causar menos dolor saber que amabas a alguien que te podría haber causado daño.

Le trajo un vaso con agua y le ayudó a que lo tomara.

La abrazó, le dio un beso en la frente y tomándole las manos, le habló suavemente.

—Antes, le quitó la vida a su mujer.

Selena rápidamente volteó con él y soltó el llanto.

—¿No es mentira eso? —exclamó dudando.

—No cariño, así fue.

Lo abrazó y continuó llorando en su hombro.

La llevó al dormitorio, le ayudó a acostarse, la cobijó amorosamente y la besó.

Mateo al verla, no comprendía de momento, la razón de su repentino envejecimiento.

—Buena noche, amor.

Ella le dijo te amo.

La mañana siguiente se levantó, volteó a verla, se vistió y salió silenciosamente dejándola descansar más, y como todas las mañanas se dirigió a comprar lo necesario para el desayuno.

Acostumbraban a comprar de diario la leche y el pan.

No tenía ganas de ir en auto, así que salió por la calle *Araba* frente a su piso, caminó hasta la glorieta que se encuentra frente al rio Oria, lo cruzó y siguió derecho hasta completar las dos manzanas para llegar a la glorieta donde se encuentra el tablero de ajedrez gigante, dobló a la izquierda una manzana y entró al mercadillo.

Enseguida fue a la panadería y compró el que más le gustaba a Selena; el pan artesano y la masa madre.

—Buen día Mateo —le saludó la señora de la caja.

—Buen día, Marielos —respondió.

—¿Cómo sigue su mujer?

—Bien, mejorando —contestó agradecido.

—La saludas, de mi parte —le dijo cuando salía del establecimiento.

Claro que sí, de su parte.

Regresó siguiendo el recorrido de ida. Caminaba despacio, recordando lo vivido la noche anterior.

Pensativo y agobiado por la tristeza causada a su mujer, repasaba los veintitantos años de vida a su lado, había sido muy feliz.

Cuando entro a la habitación, el silencio le preocupó. Selena por lo regular lo esperaba levantada, esperando su pan y colando el café, pero ese día no lo hizo.

El último aliento de ese ser extraordinario que tanto había amado, había escapado.

Su corazón había dejado de latir.

El alma de Mateo, se disipó como el humo de los miles de cigarros que había encendido hasta ese día, pensando que ella, quizá nunca lo amó.

—Aun si así fuera, nunca la dejaré de amar, —se repitió tristemente, —en esa conversación que salía de su corazón, acariciando su mente.

www.ingramcontent.com/pod-product-compliance
Lightning Source LLC
Chambersburg PA
CBHW061353250726
48657CB00004B/1470